RESUMEN

La Directiva Marco del Agua 2000/60/CE señala que el agua no es un bien comercial como los demás, sino un patrimonio común que hay que proteger, defender y tratar como tal. La consideración del recurso agua como patrimonio común y el derecho humano de acceso al agua y saneamiento, exige que su gestión sea sometida a los principios de solidaridad, cooperación mutua, acceso colectivo, equidad, control democrático y sostenibilidad.

En España, la gestión de este servicio es, por lo general, competencia de los municipios. La Administración Local presta este servicio a través de diversas fórmulas: gestión directa, sociedades mercantiles públicas, concesión, concierto o sociedad mixta. De todos ellos, es el proceso privatizador el que ha adquirido mayor importancia en los últimos años, vinculado éste a problemas económico-financieros de corporaciones locales, que recurren a estas fórmulas como fuente de financiación general a corto plazo.

Zarzadilla de Totana, una de las pequeñas pedanías que componen las Tierras Altas de Lorca, cuenta con uno de los recursos más valiosos, el agua, que brota de manera natural a través del manantial del mismo nombre situado al pie de la sierra de Pedro Ponce, al norte de esta localidad. En este trabajo se estudia el modelo de gestión de este recurso tan preciado, que es administrado de forma pública y democrática por la *Asociación Manantial Zarzadilla de Totana*.

Se lleva a cabo una investigación documental basada en escritos procedentes del Archivo Municipal de Lorca y del Archivo General de la Región de Murcia, páginas web de organismos públicos y libros. También se realiza un exhaustivo trabajo de campo, con numerosas visitas a las instalaciones y entrevistas a los vecinos de la localidad. Todo ello ha permitido constatar que la gestión pública del agua que se lleva a cabo en esta pedanía les proporciona una serie de beneficios entre los que destaca un coste por el servicio sensiblemente inferior al de otras localidades próximas que tienen una gestión municipal.

Palabras clave: Agua, recurso, Zarzadilla de Totana, manantial, sistema de aprovechamiento, gestión pública, Asociación Manantial.

ABSTRACT

The Water Framework directive 2000/60/CE points out that water is not a commercial product like any other but, rather, a heritage which must be protected, defended and treated as such. The consideration of the water resource as common heritage and the human right of access to water and sanitation requires its management to be subject to the principles of solidarity, mutual cooperation, collective access, equity, democratic control and sustainability.

In Spain, the management of this service is, generally, a competence of the municipalities. The Local Administration provides this service by means of several methods: direct management, public mercantile companies, concession, agreement or mixed society. Among them, the privatiser process is the one which has acquired the greatest importance in the last years, being linked to economic-financial problems of local corporations, which resort to these formulas as a source of general short-term financing.

Zarzadilla de Totana, one of the small districts which form the High Lands of Lorca, has one of the most valuable resources, water, which sprouts naturally from the spring equally named set at the foot of the Sierra de Pedro Ponce, in the north of this locality. In this paper, the management model of this treasured resource is studied. It is managed publicly and democratically by the Zarzadilla de Totana Spring Association.

A documentary research has been carried out based on texts from the Municipal Archive of Lorca and the General Archive of the Region of Murcia, webpages of public bodies and books. Also, exhaustive fieldwork has been performed with numerous visits to the facilities and interviews with the local residents. All this has made it possible to verify that the water public management that is implemented in this district provides a series of benefits among which it can be highlighted the noticeably lower cost for the service in comparison with other nearby localities which have municipal management.

Keywords: Water, resource, Zarzadilla de Totana, spring, exploitation system, public management, Spring Association.

1. INTRODUCCIÓN

El agua, recurso fundamental para la vida y componente del Planeta Tierra, se encuentra de forma natural en todos sus estados: sólido, líquido y vapor. Campos (2012) señala que alrededor del 70% de la superficie terrestre está ocupada por agua, siendo más del 96% de ésta salada, mientras que el resto es agua dulce, es decir, apta para consumo, estando la mayoría situada en los casquetes polares, ríos, lagos, etc., mientras que el agua destinada a consumo doméstico tan sólo representa un 0,007% del agua del planeta, situándose en acuíferos, manantiales, pozos, etc. Este recurso es fundamental para la vida y reproducción de los organismos y las personas, ya que sin ésta no sería posible su supervivencia.

No todas las regiones presentan las mismas existencias de agua potable, puesto que en continentes como Asia, Europa o África la disponibilidad de agua dulce es inferior a la cantidad de población, mientras que otros como Australia, Oceanía y América ocurre justo al contrario (Auge, 2007). Pese a ello, hay suficiente agua para todos, pero por cuestiones relacionadas con la gestión del recurso es por lo que algunos países o regiones presentan faltas de la misma, ya que no se ha conseguido alcanzar un equilibrio entre el aseguramiento de la sostenibilidad en los ecosistemas naturales y el reparto del agua de forma igualitaria (UNESCO, 2006).

En la reunión de la Organización de Naciones Unidas celebrada en Brasil en 2015 se estableció como uno de los diecisiete objetivos de la Agenda 2030 sobre Desarrollo Sostenible, "garantizar la disponibilidad de agua y su gestión sostenible y el saneamiento para todos", comprobando importantes desigualdades en el reparto del agua y estimando que para el año 2050 al menos el veinticinco por ciento de la población mundial vivirá en un país afectado por escasez crónica y reiterada de agua dulce (Organização das Nações Unidas do Brasil, 2015).

La Unión Europea ratifica en su *Directiva Marco Relativa al Agua* que ésta no sólo cobra importancia en el caso de la vida, sino también en el desarrollo económico a través de la agricultura, ganadería, pesca, industria, o energía, entre otros. Su situación es precaria debido a factores como la contaminación, explotación excesiva de acuíferos o por mala gestión, entre otros (Comisión Europea, 2002).

Por ello, la Directiva 2000/60/CE del Parlamento Europeo y del Consejo establece un marco comunitario de actuación en el ámbito de la política de aguas teniendo en cuenta que el agua es un bien preciado de patrimonio común que hay que proteger, defender y tratar como tal, y su abastecimiento debe ser un servicio de interés general (BOE, 2000). La última edición del Informe Mundial sobre el Desarrollo de los Recursos Hídricos, presentado al Consejo de Derechos Humanos en marzo de 2019 en Ginebra (Suiza) bajo el lema "No dejar a nadie atrás", pretende mejorar la gestión de los recursos hídricos y el acceso seguro al suministro de agua y servicios de saneamiento como forma eficaz para combatir la pobreza y las desigualdades sociales y económicas para que nadie se quede atrás en el camino hacia el desarrollo sostenible (UNESCO, 2019). Pues el derecho a este recurso es esencial para la vida de las personas, y su gestión debe estar sujeta a los principios de igualdad, sostenibilidad y solidaridad.

En el caso de España, la gestión de los servicios de abastecimiento de agua y saneamiento es por lo general competencia de los municipios. La Administración Local presta este servicio a través de diversas fórmulas como la gestión directa, sociedades mercantiles públicas, concesión, concierto, o sociedad mixta, entre otras. Actualmente, gran parte de la población española recibe los servicios de abastecimiento a través de gestión privada y de empresas mixtas público-privadas, cuyo número se incrementa a medida que aumenta el tamaño del municipio. El proceso privatizador ha crecido en los últimos años, no tanto debido a razones de eficiencia en la prestación del servicio, como a los problemas económico-financieros de corporaciones locales, recurriendo a estas fórmulas como fuente de financiación general a corto plazo.

La Región de Murcia es uno de los lugares de España donde existe una gestión integrada de aguas, las cuales se gestionan, por lo general, de forma privada o con empresas mixtas, siendo competencia de los Ayuntamientos. Empresas como Hidrogea, Aqualia, Aquagest o Aguas de Murcia, entre otras, son empresas concesionarias de las corporaciones locales murcianas que se encargan del abastecimiento y saneamiento de agua a los distintos municipios que integran la Comunidad Autónoma de la Región de Murcia. Las tarifas por la prestación de este servicio, que han experimentado un importante crecimiento en los últimos años, son establecidas por las autoridades municipales, existiendo en la Región de Murcia tantas políticas de precios diferentes como servicios (Erena et al, 2013).

De igual modo, en Lorca, municipio de la Región de Murcia, el abastecimiento de agua es gestionado en su práctica totalidad por la empresa mixta de *Aguas de Lorca*, la cual toma los recursos hídricos tanto de la Mancomunidad de los Canales del Taibilla (MCT), como de acuíferos, manantiales y aguas subterráneas (Aguas de Lorca, s.f.). Pero en este municipio existen dos pequeñas localidades que disponen de su propio sistema de gestión de aguas, como es el caso de Tirieza, que abastece a las zonas de La Parroquia, La Monja y El Jardín; y Zarzadilla de Totana.

2. OBJETIVOS

El objetivo principal de este trabajo es estudiar el caso particular de Zarzadilla de Totana (Lorca, Región de Murcia), donde el recurso "agua" es administrado de forma pública y democrática por la *Asociación Manantial de Zarzadilla de Totana*, asociación inscrita en el Registro Regional de Asociales de la Región de Murcia en el año 2004. Se trata de una gestión popular representativa, que no solo administra el agua potable para usos domésticos, sino también la destinada a usos secundarios como pueden ser: abastecimiento a granjas, llenado de piscinas, etc., desde hace más de tres siglos. El beneficio principal que aporta este tipo de gestión es el disponer de un precio del agua bastante reducido y muy por debajo del que se paga en otras localidades vecinas.

De igual modo, se trata de analizar la historia del agua procedente del manantial para comprender la constante lucha de los vecinos de Zarzadilla hasta lograr hacerse cargo de la totalidad del agua extraída del manantial. Pues, como se ha mencionado anteriormente, la gestión la han tenido desde hace siglos, pero tan sólo de una parte del agua extraída que era la que abastecía a Zarzadilla, ya que, desde 1780 hasta aproximadamente 2000-2003, han estado usando este recurso para abastecimiento tanto a la ciudad de Lorca como otras pedanías del municipio. Se debe agregar que, se pretende conocer el tipo de sistema de aprovechamiento utilizado, siendo éste constituido por una galería con lumbreras, a través de la cual se ha permitido la captación de estas aguas procedentes del manantial de Zarzadilla de Totana.

3. ÁREA DE ESTUDIO

Las Tierras Altas de Lorca, ubicadas al norte del municipio, constituyen una extensa cuenca de margas y arcillas procedentes del Mioceno y Plioceno, situada por encima de los 500 metros, sobre la que discurre la cabecera del río Guadalentín, enmarcada por un continuo de alineaciones montañosas modeladas sobre materiales subbéticos que muestran importantes altitudes como las sierras de Lavia (1.238 m), El Gigante (1.493 m) o Cambrón (1.518 m). (Cebrián et al, 2007). En la parte noreste de éstas se encuentra la zona a estudiar, siendo ésta Zarzadilla de Totana, la cual se localiza en las coordenadas geográficas siguientes: 37º52′45.55′′ de latitud Norte y 1º42′20.90′′ de longitud Oeste (FEGA, 2017). Ésta es una pequeña pedanía de Lorca que cuenta con tan sólo 439 habitantes, repartidos en 77,38 km^2 (Figura 1) (CREM, 2018).

Figura 1: Localización del área de estudio.

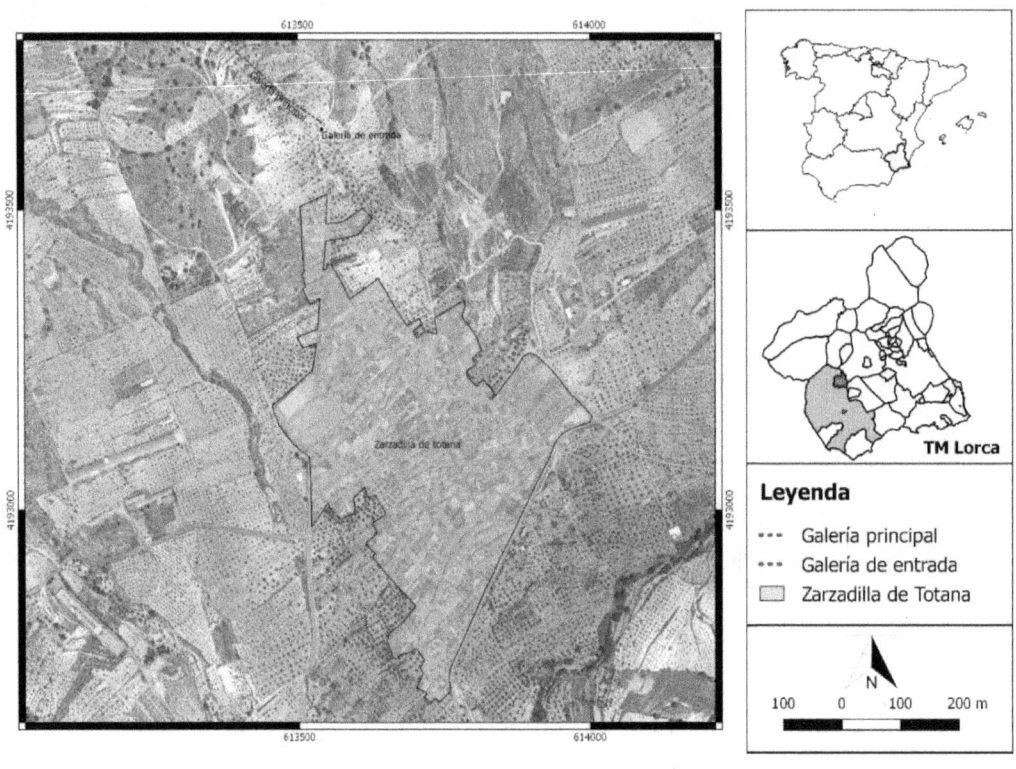

Fuente: elaboración propia sobre base extraída de Infraestructuras Espaciales de la Región de Murcia (IDERM).

Respecto al área a estudiar, la orografía del terreno presenta una alineación con dirección suroeste-noreste que ha dado como resultado el emplazamiento de esta pedanía en torno a una depresión con igual dirección a las alineaciones montañosas. Las cumbres por las que se extiende dicha depresión son, por un lado, la Sierra del Madroño, Pedro Ponce y El Cambrón en la parte norte-noreste, las cuales inician su relieve desde la cota aproximada de 900 metros sobre el nivel del mar, hasta su máxima altitud situada en el Cerro de la Selva a

1.521 metros; y, por otro lado, las cumbres de Cerro de las Burras, Cabezo de la Cruz y Alto de Peñarrubia en la parte sur-sureste. Esta alineación define claramente la depresión que parte desde Zarzadilla de Totana, con un ancho de dos kilómetros, que va disminuyendo progresivamente hasta los términos municipales de Bullas y Mula (AML. Actas capitulares, 1970).

En la zona se observa la existencia de la "masa de agua subterránea de Bullas" (MASub), reconocida como unidad hidrogeológica 07.21, cuyo código de identificación correspondiente es el 071.039. Dentro de ésta se localizan gran variedad de subsistemas, entre los que se encuentra el de Zarzadilla de Totana, emplazado en la parte sureste de dicha masa (Figura 2). Aquí la tectónica corresponde a una estructura monoclinal que pertenece al flanco oriental del anticlinal de la Sierra de Pedro Ponce. Ésta presenta buzamientos normales hacia el este, en el extremo meridional, e invertidos hacia el oeste, en la parte media y septentrional del mismo (IGME, 2009).

Figura 2: Masa de agua subterránea de Bullas.

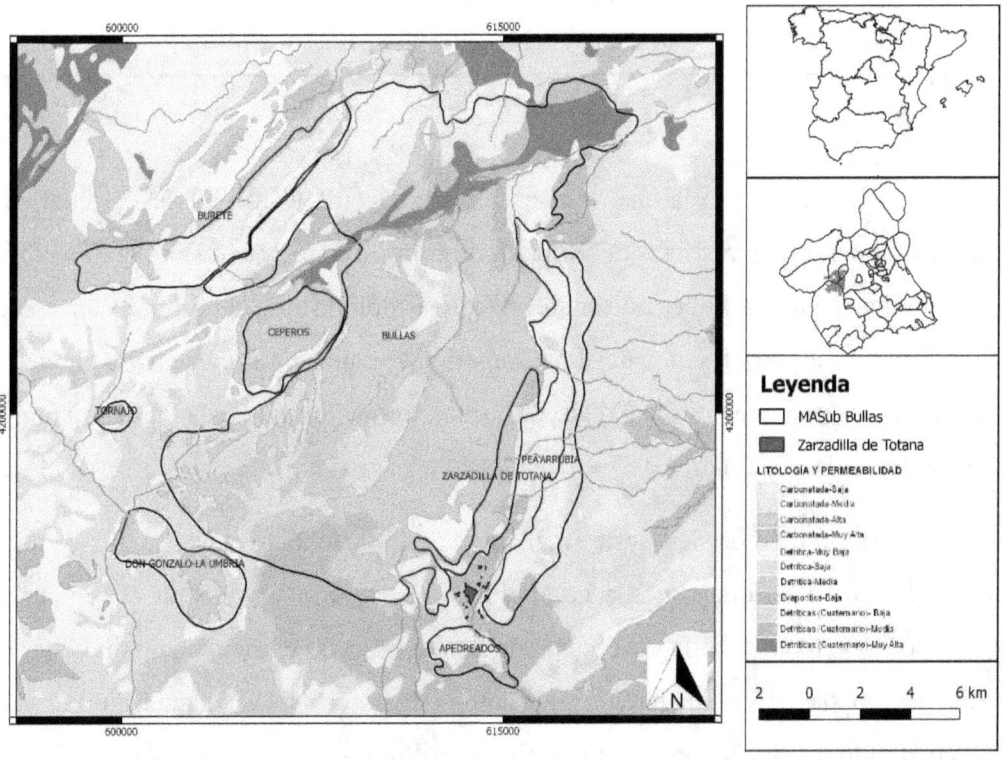

Fuente: elaboración propia sobre base extraída del Instituto Geográfico Nacional y del Geocatálogo.

Dicho subsistema presenta su salida natural principal en la fuente del mismo nombre, localizado a 37°52′57.39′′ de latitud Norte y 1°42′25.11′′ de longitud Oeste, a una cota de 940 m s.n.m. (FEGA, 2017). Según datos del Instituto Geológico y Minero de España, IGME (1993), dicho acuífero muestra una superficie total de siete kilómetros cuadrados, repartidos en su totalidad en afloramientos permeables con un coeficiente de infiltración del 80% y un valor medio de lluvia útil caída en la zona de 0,87 hm^3/año. Los recursos propios de este subsistema estaban estimados en 0,7 hm^3/año (Tabla 1). Por el contrario, estudios más recientes señalan un caudal medio de 5 l/s (IGME, 2009), mientras que el último realizado por la persona encargada del mantenimiento del manantial de Zarzadilla de Totana contabilizó un caudal medio de 3,2 l/s en abril de 2019.

Tabla 1: *Recursos del subsistema acuífero Zarzadilla de Totana.* Fuente: IGME, 1993

Entradas hm^3/año		Salidas hm^3/año		
Infiltración lluvia útil	Total	Manantial (año)	Bombeo (año)	Total
0,7	0,7	0,2 (1990)	0,5 (1982)	0,7

La serie estratigráfica sobre la que se asienta este subacuífero es el Trías, el cual aparece representado por margas yesíferas del Keuper, de colores vivos, ya que ha sido transformado por la tectónica del lugar. Sobre éste aparecen calizas dolomíticas del SupraKeuper, seguido de calizas margosas procedentes del Lías Superior, estando el último piso compuesto por margas y arcillas procedentes del Cretáceo. Dichas formaciones han dado lugar a un relieve con buzamientos hacia el noroeste.

Desde tiempos inmemoriales, este manantial ha presentado una cantidad de agua significativa, tal es así que con ella no sólo se ha permitido suministrar este recurso a la pequeña pedanía de Zarzadilla de Totana, de donde procede el manantial, sino que, con el paso del tiempo, ha permitido abastecer a la ciudad de Lorca y a las pedanías de Torrealvilla, Barranco Hondo, Casas Nuevas, Zúñiga, El Chorrillo, La Paca y Las Terreras. Es por ello que, a partir de 1768, se empieza a tener consideración de estas aguas y desde ese momento han sido de gran importancia para las áreas colindantes.

3.1. Clima

El clima predominante en la zona de estudio es el mediterráneo semiárido, característico del área geográfica en la que se encuentra, con unas precipitaciones máximas en los equinoccios y mínimas en los solsticios, siendo el verano la época más seca y calurosa, llegando a alcanzar temperaturas por encima de 35°C. Los inviernos son frescos, con heladas en algunos meses debido a la altitud, pudiendo producirse precipitaciones en forma de nieve. Asimismo, según indican Tudela y Martínez (1997), se trata de una zona cálida, ya que presenta una temperatura media anual de 15,8°C. Pese a ello, presenta rasgos que lo hacen diferente a otras áreas del municipio de Lorca, puesto que aquí las máximas precipitaciones se producen en septiembre-octubre, dando lugar a una recuperación de la sequía producida durante el verano, debido a las precipitaciones que aparecen de forma torrencial; y también por la presencia de precipitaciones en forma de nieve que suelen aparecer durante el invierno (Peñalver, 1990).

Las precipitaciones son escasas, con una media en torno a 350 mm, pero con importantes variaciones entre años secos, con registros inferiores a 20 mm, y años húmedos, en los que se superan los 450 mm anuales. Son lluvias de carácter torrencial debido al efecto Foëhn, que da lugar a la ausencia de precipitaciones en la zona durante la mayor parte del año, ya que Sierra Espuña hace de barrera natural para los vientos procedentes del este, llegando aquí tan sólo el aire cálido y seco (Peñalver, 1990).

3.2. Vegetación

Biogeográficamente hablando, está situado dentro del subsector manchego-murciano, ya que cuenta con las condiciones climáticas propias del horizonte medio del piso mesomediterráneo (Tudela y Martínez, 1997). Es por ello que, según se indica en el Manual de interpretación de los hábitats naturales y seminaturales de la Región de Murcia (2008), la vegetación predominante en esta zona es el pino carrasco, el cual se encuentra repartido por toda la Sierra de Pedro Ponce, formando en algunos casos bosques de pinares, gracias a las distintas repoblaciones que se han realizado. Junto a ellos aparecen formaciones vegetales de carrascales y encinares, situados en las zonas más altas de la sierra, y quejidos en las áreas más húmedas de los pinares.

También se encuentran otras especies vegetales como erinacea anthyllix o thymus serpylloides subsp. gadorensis situadas en las zonas más altas y frías; formaciones vegetales de matorrales en las zonas más secas; así como lentisco, durillo, albaida, rubia, zarzaparrilla, entre otras, situadas en las zonas más cálidas (VV.AA., 2008).

4. METODOLOGÍA

La búsqueda de información sobre el manantial de Zarzadilla de Totana y su sistema de gestión del agua requiere la puesta en práctica de metodologías diversas. Por un lado, se ha llevado a cabo una investigación documental para conocer la historia de estas aguas, cobrando especial importancia las continuas visitas realizadas al Archivo Histórico Municipal de Lorca (AML) donde, además de sus fondos propios, también se consultan los pertenecientes al Sindicato de Riegos de Lorca, lo que ha permitido conocer no sólo la conducción de estas aguas a la ciudad de Lorca, sino también a otras pedanías como La Paca o Torrealvilla. También, se ha visitado el Archivo General de la Región de Murcia (AGRM), donde se custodian las memorias y proyectos de obras para la construcción de infraestructuras, como es el plano realizado por Escofet para la conducción de aguas a Lorca en el siglo XVIII, el proyecto de sustitución de un tramo del canal para abastecer a Torrealvilla y también el proyecto para sustitución y abastecimiento a la pedanía de Zarzadilla de Totana.

Por otro lado, se han revisado numerosos libros pertenecientes a autores como Joaquín Espín, Mariano Pelegrín, José Andreo o Juan José Corbalán, a través de los que ha sido posible conocer la importancia que ha tenido este recurso a lo largo del tiempo, así como las obras de conducción de aguas a la ciudad de Lorca y la duración de las mismas.

De igual modo, las consultas a las páginas web oficiales de diversos organismos como UNESCO, Instituto Geológico y Minero de España (IGME), Confederación Hidrográfica del Segura (CHS) o Boletín Oficial del Estado (BOE), entre otras, ha permitido profundizar en el conocimiento del área de estudio, así como también han servido para dar a conocer los continuos aforos a los que ha estado sometido el manantial.

Así mismo, se han realizado entrevistas personales a los responsables de la Asociación Manantial Zarzadilla de Totana, encargada desde tiempos remotos de la gestión del agua de este manantial, aunque su inscripción en el Registro Regional de Asociaciones de Murcia sea relativamente reciente, pues no se incorpora en el mismo hasta 2004. Con ello se ha tenido la oportunidad de conocer tanto la gestión del recurso, como el sistema de aprovechamiento y sus instalaciones, siendo de gran importancia para este último el artículo de Gómez y López, publicado en 2006. Cabría incluir las continuas visitas realizadas a las instalaciones con las que cuenta dicho sistema de aprovechamiento, en las que se ha tenido la posibilidad de tomar imágenes de las mismas.

Por otro lado, se ha podido acceder al contenido de los Estatutos por los que se rige la Asociación, vigentes desde enero de 2004, mediante los que ha sido posible conocer el tipo de gestión de aguas a la que se somete dicha pedanía, siendo éstas administradas de forma pública y democrática por la Asociación Manantial Zarzadilla de Totana, así como también se permite entender el funcionamiento de la misma.

Por último, se incorpora también la información proporcionada por los propios usuarios del servicio, obtenida a través de entrevistas personales a los vecinos y gerentes o encargados de las explotaciones ganaderas, siendo la mayoría granjas dedicadas a la cría de pollos y conejos, emplazadas en esta pedanía.

5. MARCO TEÓRICO

La primera reseña que deja constancia de la presencia del Manantial de Zarzadilla de Totana se halla en el Archivo Municipal de Lorca (AML), dentro del Libro II de Mercedes, 1509-1625 en su página treinta y dos. Un extracto del texto se muestra en la Figura 3 (Archivo Municipal de Lorca, 1511).

Figura 3: Extracto del libro II de Mercedes, 1509-1625 (AML. M.-168).

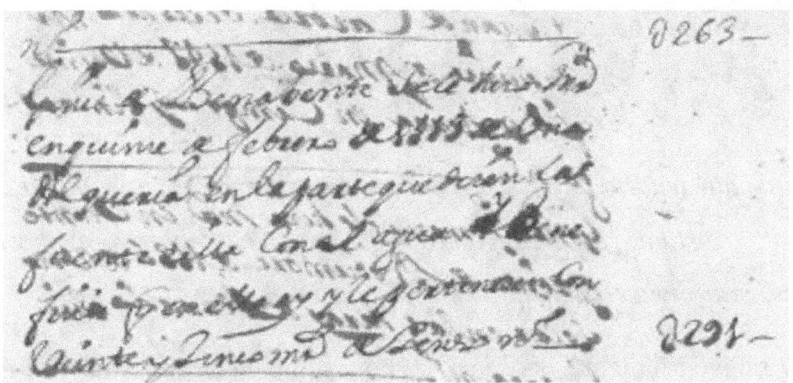

"Gines de Benabente sele hizo en quince de febrero de 1511 de una Alqueria en la parte que será la fuenzedilla con el agua y beneficios quen ella ay y le pertenecen con veinte y cinco mrs. del censo".

Fuente: Archivo Municipal de Lorca. El documento completo se expone en el Anexo 1.

Desde esta fecha y hasta la segunda mitad del siglo XVIII no se tiene constancia de ninguna referencia a las aguas procedentes del manantial. Es a partir de 1764, coincidiendo con un importante incremento de la demanda de agua en la ciudad de Lorca, vinculado a un aumento de su población, cuando los documentos de la época, obtenidos del Archivo Municipal de Lorca, hacen referencia a la posibilidad de realizar las obras necesarias para conducir el agua desde el manantial de Zarzadilla de Totana hasta Lorca (Figura 4). (AML, Reales Órdenes y Diligencias, 1770-1860). Como expone Andreo (2005) se prestaron dos opciones: por un lado, coger las aguas procedentes del río Luchena, y por otro, utilizar las de este manantial. Se consideró más adecuado esta última opción, puesto que las obras serían menos costosas como resultado de la orografía del terreno, ya que ésta permitía que las aguas fluyeran cauce abajo de forma natural.

Figura 4: Extracto del documento de 1764 en el que se plantea por primera vez la realización de una conducción de agua desde Zarzadilla de Totana a Lorca.

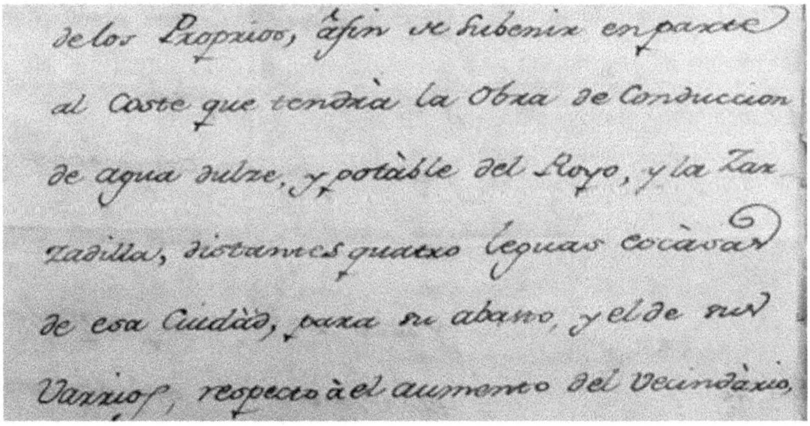
delos Proprios, afin se subenir en parte
al Coste que tendria la Obra de Conduccion
de agua dulze, y potable del Royo, y la Zar
zadilla, distantes quatro leguas escasas
de esa Ciudad, para su abasto, y el de sus
Varrios, respecto à el aumento del Vecindario,

"... coste que tendría la obra de conducción de agua dulze, y potable del Royo y la Zarzadilla, distantes quatro leguas escasas de esa ciudad, para su abasto, y el de sus varrios, respecto a el aumento del vecindario y escasez que se padece...

Fuente: Archivo Municipal de Lorca. La hoja completa se muestra en el Anexo 2.

5.1. Construcción del "Canal de Zarzadilla" y la posterior conducción de aguas a la ciudad de Lorca

En 1768, por Real Provisión del Consejo de Castilla, fue cuando se le encargó al ingeniero Juan Escofet la realización del estudio de la conducción de aguas desde Zarzadilla, las cuales procedían no sólo del manantial situado en la cabecera del núcleo poblacional, sino también de una rambla conocida como *El Royo*, ubicada en la parte sur del mismo (AML. Reales órdenes y diligencias, 1770-1860).

En contraste con lo anterior, Espín (1926) afirma que no fue hasta el 14 de octubre de 1769 que Escofet reconoció las aguas de esta pedanía como aptas para el abastecimiento a la población lorquina, y en el año 1770, tras la comprobación de las mismas, es cuando el ingeniero entregó el plano terminado al Consejo de Castilla para obtener su aprobación (Figura 5).

Figura 5: Plano de conducción desde el manantial de Zarzadilla a la ciudad de Lorca, s. XVIII.

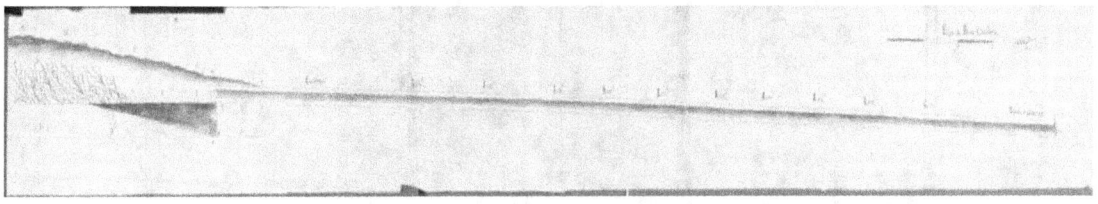

Fuente: Archivo General de la Región de Murcia (AGRM). (s. XVIII). AHN Consejos, MP 2065.

En este mismo año, como señala Andreo (2005), fue cuando se empezaron a realizar los trabajos de aforamientos en dicho manantial, de los cuales se obtuvo un caudal superior al estimado. Pese a ello, dicho caudal no era suficiente para satisfacer las demandas previstas, por lo que tuvieron que explorar algunas fuentes situadas en las proximidades para alcanzar el caudal deseado. De todas ellas, la más rentable resultó ser la que extraía el agua de la rambla de El Royo, ya que, por su cercanía al canal, no requería de muchas obras para su puesta en funcionamiento (Espín, 1926).

De acuerdo con Espín (1926), una vez concedida la autorización para la conducción de aguas a Lorca desde Zarzadilla de Totana, el 24 de febrero de 1773 dieron comienzo las obras, las cuales duraron un total de ocho años. A pesar de que el proyecto era de Escofet, éste tuvo que trasladarse a Brasil por cuestiones militares en 1776, por lo que su ayudante delineador, Jerónimo Martínez de Lara, se hizo cargo de las obras hasta su finalización en 1781.

Espín (1926) deja constancia de que el acueducto, compuesto por puentes, acueductos y arcos para salvar los numerosos barrancos y ramblas que había hasta llegar a la ciudad, tenía una longitud de cinco leguas (equivalentes a veinticuatro kilómetros). (Figura 6). De igual manera, uno de los vecinos del pueblo añade que, estas obras también dieron lugar a la construcción de una caseta instalada aproximadamente a un kilómetro de la diputación de Zarzadilla, conocida con el nombre de "Caseta del Royo", cuya función era la de unir las aguas procedentes del manantial y las del Royo que, una vez conectadas, se conducían hasta la ciudad de Lorca mediante un canal.

Figura 6: Trazado de la conducción de aguas desde Zarzadilla de Totana a Lorca.

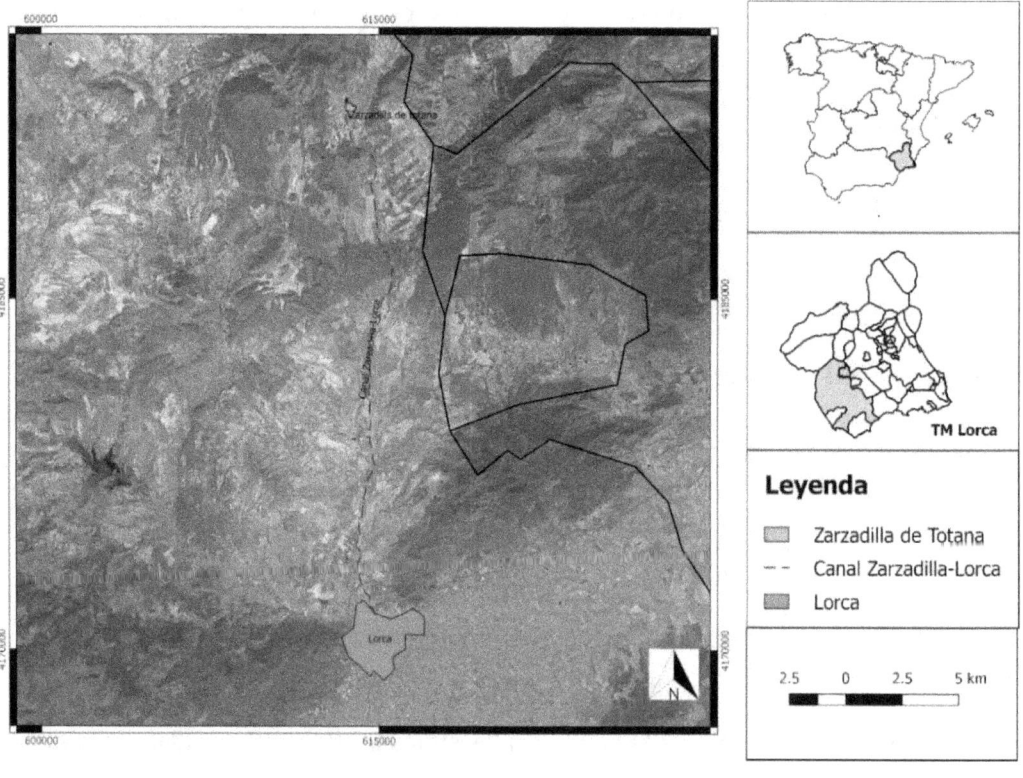

Fuente: Elaboración propia sobre ortofoto de la Infraestructura de Datos Espaciales de la Región de Murcia (IDERM).

Una vez terminada la obra, los costes totales de la misma ascendieron a más de un millón de reales de vellón, siendo esta cifra superior a lo que había presupuestado Escofet. Pues, Espín (1926) afirma:

Espín 1926

"Tuvo de coste total la traída de aguas y construcción de las fuentes, la cantidad de 1.396.533 reales de vellón, recaudados de los derechos de roturas de tierras baldías propias del común de vecinos, y una cantidad que faltó tomada del fondo del Pósito del panadeo". (p. 11).

Estas aguas llegaron a Lorca y fueron puestas a disposición de sus habitantes mediante la construcción de dos fuentes: la fuente de La Estrella, situada en el Barrio San Cristóbal, y la de Santa Quiteria, ambas inauguradas en 1781. La primera tuvo que ser sustituida por otra de nueva construcción, a consecuencia de la inundación ocurrida en 1820. Véase en la siguiente cita:

Espín 1926

"se trajeron las aguas de la Zarzadilla a sus dos fuentes de San Cristóbal y Santa Quiteria. Es la primera de ellas, hoy llamada de la Estrella, (…) de forma ochavada, elevada sobre dos gradas de cantería con sus molduras; de ellas surgía el zócalo donde iba vaciado el pilar para colocación de los cántaros y caída del agua, de tres palmos de altura, sobre el que se levantaba un pedestal (…), de cinco pies de elevación. (…). La descrita fuente no es la actual; aquella, de resultas de la inundación de 1802, quedó tan malparada, que en 1820, bajo la dirección de D. Julián Rodríguez, (…) fue sustituida por la que hoy existe. (…). Se puso la primera piedra de esta segunda fuente, con gran ceremonia y asistencia del Ayuntamiento, autoridades y gremios que concurrieron en cívica procesión, en la tarde del 9 de mayo de 1820, y se depositó en su cimiento, dentro de una caja de plomo, un ejemplar de la Constitución del año 12 y el acta de ceremonia". (pp. 10-11).

Como se ha mencionado anteriormente, en 1802 se produjo la rotura de la presa del Pantano de Puentes, como consecuencia de una gran avenida. Ésta dio lugar a un total de 608 muertes y arrasó parte de la ciudad, siendo la zona más afectada el Barrio de San Cristóbal, y con ello la Fuente de la Estrella, situada en este lugar (EFE, 2012). Pese a ello, Espín (2004) reitera que no fue hasta 1820 que se le informó al Ayuntamiento del mal estado en que se encontraba tanto el acueducto como la fuente de San Cristóbal desde la rotura de dicho pantano. La reconstrucción de ambas infraestructuras fue pagada con los fondos obtenidos por la hila[1] de Zarzadilla.

Tras la construcción del acueducto, los vecinos de Zarzadilla de Totana estaban en descontento, pues veían como se estaban llevando sus aguas. Ello fue debido a que, de la cantidad total que salía por el manantial, ésta se repartía en un partidor[2], de tal forma que los vecinos de Zarzadilla tan solo se quedaban con un tercio para abastecimiento y regadío, mientras que los dos tercios restantes pasaban a la ciudad con el mismo fin que las que se quedaban en esta pedanía (Pelegrín, 2010).

En relación a las aguas sobrantes que llegaban a la ciudad, éstas eran vendidas para el regadío de los cultivos situados en la huerta de Lorca con el propósito de obtener un beneficio, pues fue con este dinero con el que se pagaron los daños provocados por la rotura del pantano de Puentes, así como a obreros y cualquier otra necesidad que demandara la ciudad en aquel momento. Musso y Fontes (1847) verifica que:

Musso y Fontes 1847

"La hila de la Zarzadilla, que, derramando en el cuerpo de aguas de Tercia y Albacete, iba a regar las tierras a ellos anejas bajo la proporción con que toman sus partidores, separada ahora, va a regar tierras que pertenecían al último de estos heredamientos, el cual si por una parte ha disminuido el cuerpo de sus aguas, por otra ha disminuido también el número de tierras que por él se regaban, y así solo ha sido perjudicado Tercia, donde ha habido disminución de aguas y no de tierras". (pp. 54-55).

En febrero de 1848, el Ministerio de Comercio, Instrucción y Obras Públicas publica en la Gaceta de Madrid: "El acueducto de la Zarzadilla. Atribuido por el núm. 1.º de esta clasificación, en el Real Decreto al ayuntamiento, en atención a que sus aguas, no solo sirven para el abastecimiento de la ciudad, sino para el riego de la huerta, se adjudica asimismo al sindicato; pero con la obligación de mantenerlo corriente y reparado para ambos usos" (BOE, 1848). Es decir, se le cede el de dichas aguas al Sindicato de Riegos, a través de la

---

[1] Cantidad de agua que se toma de una acequia por un boquete de un palmo cuadrado (RAE).
[2] Obra destinada a repartir o dividir, mediante compuertas, las aguas destinadas a abastecimiento y las de otros usos.

Junta Social de Riegos, a cambio de que lo mantengan en buen estado, aunque debería ser competencia del Ayuntamiento.

En 1883, según se indica en el Archivo del Sindicato de Riegos (ASR), se seguían restaurando todas las roturas producidas en la cañería, pues estas eran numerosas, y no sólo ocasionadas por la antigüedad, sino también por los vecinos de la localidad de Zarzadilla. Un extracto del documento se muestra en la Figura 7.

Figura 7: Extracto del documento de 1883 relativo los desperfectos que existían en la cañería.

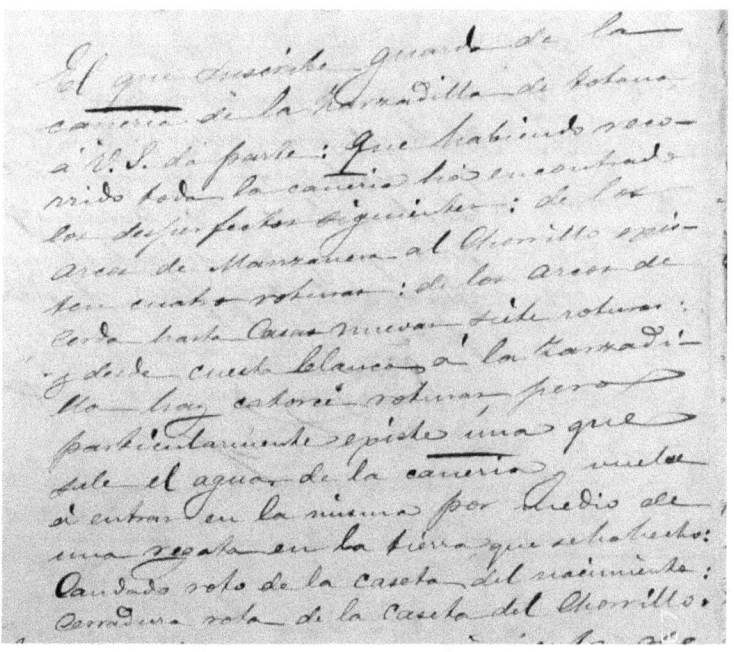

(...): que habiendo reconocido toda la cañería han encontrado los desperfectos siguientes: de los arcos de Manzanera al Chorrillo existen cuatro roturas: de los arcos de Cerda hasta Casas Nuevas siete roturas: y desde cuesta blanca a la Zarzadilla hay catorce roturas, pero particularmente existe una que sale el agua de la cañería y vuelve a entrar en la misma por medio de una regaza en la tierra, que se ha hecho: candado roto de la caseta del nacimiento: cerradura rota de la caseta del Chorrillo. (ASR. Alumbramientos, 1826-1923)

Fuente: Archivo Municipal de Lorca. La hoja completa se muestra en el Anexo 3.

Como bien se expone en dicha cita, se produjeron numerosos desperfectos tanto en la cañería como en el partidor, siendo algunos de ellos fruto de numerosos conflictos ocasionados entre los vecinos de la pedanía y el Sindicato de Riegos por la forma en que se estaban administrando dichas aguas, aunque éstos no llegaron a ningún fin, pues siguió siendo el Sindicato quien las gestionaba (Pelegrín, 2010).

En consonancia con lo ocurrido en 1848, según escritos procedentes del Archivo Municipal de Lorca, tras una reunión celebrada el 27 de octubre de 1965 de la mano del delegado de gobierno en la Confederación Hidrográfica del Segura y el presidente de la Junta Administrativa del Regadío de Lorca, en 1847 se le cede el caudal de aguas procedente de la Zarzadilla de Totana al Ayuntamiento de Lorca, así como su conducción e instalaciones, puesto que dichas aguas iban destinadas principalmente a abastecimiento humano. Pero no fue hasta 1958 que el Ayuntamiento aceptó la concesión de las mismas (Figura 8). (AML, Actas capitulares, 1965).

Figura 8: Extracto del documento firmado en 1965, por el que la Junta Administrativa del Regadío de Lorca cede al Ayuntamiento las aguas de Zarzadilla de Totana.

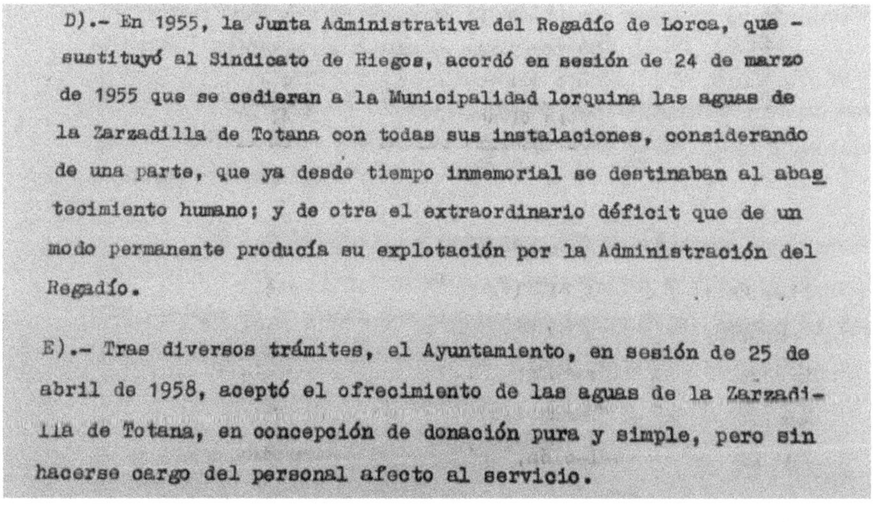

D).- En 1955, la Junta Administrativa del Regadío de Lorca, que - sustituyó al Sindicato de Riegos, acordó en sesión de 24 de marzo de 1955 que se cedieran a la Municipalidad lorquina las aguas de la Zarzadilla de Totana con todas sus instalaciones, considerando de una parte, que ya desde tiempo inmemorial se destinaban al abas_ tecimiento humano; y de otra el extraordinario déficit que de un modo permanente producía su explotación por la Administración del Regadío.

E).- Tras diversos trámites, el Ayuntamiento, en sesión de 25 de abril de 1958, aceptó el ofrecimiento de las aguas de la Zarzadi- lla de Totana, en concepción de donación pura y simple, pero sin hacerse cargo del personal afecto al servicio.

Fuente: Archivo Municipal de Lorca. El documento completo se muestra en el Anexo 4.

Finalmente, esta obra estuvo en funcionamiento hasta la llegada de las aguas del Taibilla a Lorca en 1956, es decir, estuvo en activo durante 175 años (Sánchez, 2011). Si bien, Andreo (2005) reitera que:

"el acueducto fue durante dos siglos fundamental para el desarrollo de la ciudad. (…), aún estuvo operativo hasta la década de los ochenta. Incluso estando abandonado, aún se perdía en el barranco del Chorrillo al llegar a los imponentes, pero derruidos arcos, una cantidad considerable de agua; éste agua era recogida de forma sistemática en la antigua presa de La Caseta, y fluía sin control por el viejo caño. El hecho de que sin ningún tipo de mantenimiento permitiese llegar las aguas, nos indica la calidad de la obra". (p. 71).

5.2. Abastecimiento de agua potable a Torrealvilla y Barranco Hondo desde Zarzadilla de Totana

La construcción del canal de Zarzadilla en el siglo XVIII no solo permitió abastecer a la ciudad de Lorca, sino también a las pedanías próximas como Torrealvilla o Barranco Hondo, entre otras. A partir de los años 60 del siglo pasado, tras el cese de la conducción de aguas a Lorca, este canal se seguía utilizando para abastecimiento a las mencionadas pedanías, ya que éstas seguían careciendo de agua.

En el año 1976, estas entidades se encontraban prácticamente sin suministro de agua, lo que daba lugar a que tuvieran que trasladarse a la ciudad para conseguirla. Las causas de ello estaban relacionadas, no sólo con el deterioro que sufría el canal por su antigüedad, sino también por las acciones llevadas a cabo por los vecinos de Zarzadilla. El agua se repartió a razón de un tercio para cada pedanía, La Paca y su ramal, Torrealvilla y la propia Zarzadilla. Sin embargo, la escasez de agua en ésta última población llevó a sus vecinos a manipular el partidor, dejando dos tercios para ellos y el tercio restante para La Paca, eliminando los envíos a Torrealvilla desde el manantial, por lo que se limitó tan sólo a recibir las aguas que llegaban de El Royo (AML, Actas capitulares (1970-79).

Estos conflictos dieron lugar al cese definitivo del envío de agua del manantial a Torrealvilla, aunque se adquirió el compromiso de abastecer a este núcleo en caso de no disponer de recursos en El Royo. Véase en la siguiente cita:

Actas capitulares 1978

El otro 50% de agua para la Pedanía de La Paca y Las Terreras, teniendo en cuenta que durante el tiempo que no aflore agua de los Rollos habrá que disponer 0,5 l/sg.

para la Diputación de Torrealvilla, siendo necesario de forma urgente entubar la conducción desde el referido manantial al depósito de Torrealvilla, ya que la actual no reúne las mínimas condiciones técnicas e higiénicas necesarias.

El proyecto de canalización denominado "Sustitución de un tramo del canal por tubería en el abastecimiento de agua potable a la Pedanía de Torrealvilla desde el manantial de Zarzadilla de Totana", contó con un presupuesto de novecientas treinta y cinco mil pesetas y fue llevado a cabo en 1979. Entre el manantial y el depósito de Torrealvilla (Figura 9) se realizó una canalización de quince kilómetros divididos en cinco tramos, instalando una tubería de PVC en el interior del canal existente y realizando las tareas de limpieza oportunas para garantizar el paso del agua (Archivo General de la Región de Murcia, 1979).

Figura 9: Plano de conducción de agua potable desde Zarzadilla de Totana a Torrealvilla.

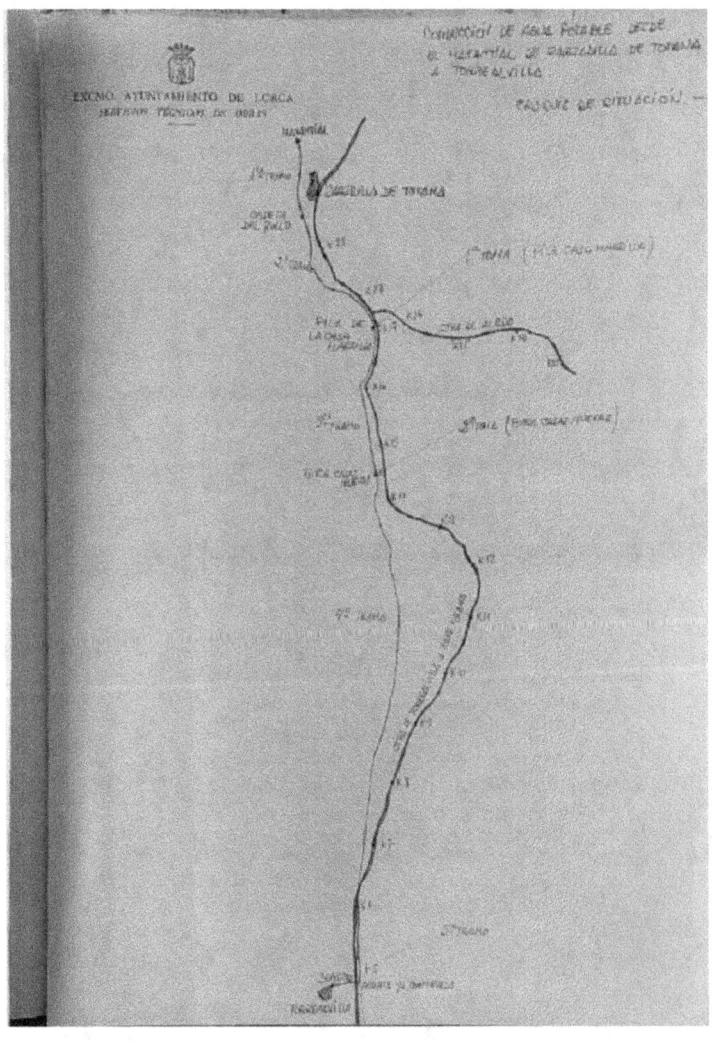

Fuente: Archivo General de la Región de Murcia.

Sin embargo, esta conducción tan sólo estuvo en funcionamiento hasta principios del siglo XXI. Un descenso en los caudales disponibles tanto en el manantial como en la Rambla del Royo motivaron el cese de su funcionamiento y el paso al abastecimiento de la zona con aguas del Taibilla.

A pesar de que la conducción de este recurso dejó de ser efectiva, en la actualidad se usan las aguas procedentes de la rambla del Royo para regadío en pequeñas áreas de cultivo localizadas en torno a Zarzadilla y Casas Nuevas. Pues Sánchez (2011) afirma: "En la actualidad, casi nada sale por El Royo, los vecinos que la usan apenas tienen para sembrar algunas plastas de hortalizas y poco más" (p. 51).

5.3. Situación actual del acueducto

Pese a la gran importancia que ha tenido dicha obra en el pasado, ya que gracias a este acueducto se permitió abastecer a la población lorquina durante 175 años y su posterior funcionamiento hasta finales del siglo XX para suministrar a otras pedanías, actualmente se encuentra en un estado ruinoso, sobre todo los últimos kilómetros hasta llegar a la ciudad de Lorca (Figura 10), debido a su antigüedad y a que no se ha procedido a la remodelación del mismo tras el fin de la conducción de dichas aguas.

Sánchez (2011) manifiesta que el 16 de diciembre de 1988 solicitó junto a Juan Hernández Franco (catedrático de Historia Moderna en la Universidad de Murcia) y Antonio José Mula Gómez (doctor en historia), que el acueducto fuese declarado Bien de Interés Cultural (BIC), junto a las fuentes de Santa Quiteria y la Estrella, ya que es una obra de Patrimonio Histórico para la ciudad de Lorca. Pero dicha incoación no llegó a suceder.

En 2015 se expone el Plan de Calidad del Paisaje Urbano de Lorca, el cual está dentro del Plan Nacional de Paisajes Culturales, financiado íntegramente por el Instituto del Patrimonio Cultural de España. Este documento se genera tras los desastres ocasionados por el terremoto ocurrido en 2011 en la ciudad de Lorca, y en él participan tres administraciones: nacional, autonómica y local.

Dentro de la "Línea A.1: Patrimonio Construido", en la propuesta número siete se plantea la protección, restauración y conservación del Acueducto de la Zarzadilla de Totana, ya que es de gran valor patrimonial, histórico y didáctico, con el fin de expandir la cultura tradicional del recurso agua en el Sudeste peninsular. Así mismo, se contempla la realización de gestiones oportunas para la incoación de expediente para declararlo BIC, así como iniciar el proyecto de ejecución para la restauración del conjunto arquitectónico y de su entorno (Ministerio de Educación, Cultura y Deporte, 2015). De esto ya han pasado 4 años y no se ha llevado a cabo ninguna actuación, por lo que sigue estando en mal estado y su deterioro continúa.

Figura 10: Situación actual del "Canal de Zarzadilla".

Fuente: Jesús Miguel Salinas

5.4. Conducción de aguas a la pedanía de La Paca y ramal de Las Terreras

Según expone Sánchez (2011), es a partir de 1968 que, la Corporación Municipal decide enviar estas aguas a la pedanía de La Paca y ramal de Las Terreras. Aunque dicho proyecto no fue entregado al Ayuntamiento de Lorca hasta el 1 de diciembre de 1970, fecha en la que el estimado Sr. Alcalde lo incluyó dentro del Plan Bienal de Servicios Técnicos para los años 1970-71, aunque no fue hasta 1971 que se procedió a su aprobación (AML, Actas capitulares, 1970-79). (Figura 11).

Figura 11: Extracto del documento referente al proyecto de obras para la conducción de aguas a la pedanía de La Paca y ramal de Las Terreras.

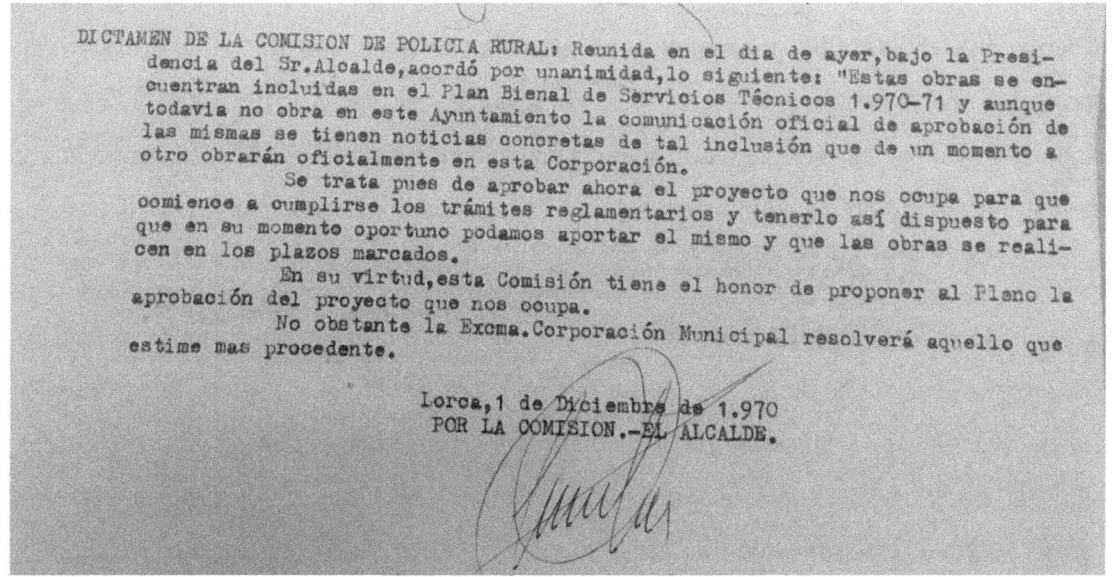

Fuente: Archivo Municipal de Lorca. El texto completo se muestra en el Anexo 5.

Tras la revisión de varios documentos localizados en el Archivo Municipal de Lorca, se tiene constancia del presupuesto de dicho proyecto, el cual ascendía a una cifra total de cuatro millones doscientos treinta y un mil trescientos noventa y nueve con setenta y nueve pesetas, así como su aprobación del mismo, siendo ésta el día 10 de diciembre de 1970 y su consiguiente ejecución en 1971.

Conforme a lo expuesto por uno de los vecinos de dicha pedanía, el inicio de este proyecto está marcado por la realización de un pozo proyectado, situado al lado de la quinta lumbrera de la galería principal del manantial de Zarzadilla, cuyo fin era el de captar agua para abastecer a La Paca y su ramal. Tras su realización no se obtuvo el caudal necesario para abastecerlas, por lo que se decidió seguir el mismo procedimiento que se usó para la conducción de agua a Lorca, es decir, utilizar el partidor de aguas distribuyéndolas de la siguiente forma: un tercio para el pueblo, un tercio para La Paca y su ramal, y el tercio restante para Torrealvilla. Esta conducción tuvo una longitud total de catorce kilómetros, con la que se abasteció a un total de quinientos cincuenta usuarios.

Simultáneo a este proyecto, se redactó un informe sobre la posibilidad de aumento de caudal en el manantial, para así poder dotar, tanto a Zarzadilla como al resto de pedanías de suministro de agua potable suficiente. En él se incluía una memoria del área de estudio, una descripción detallada de la zona y numerosos planos de la galería. Este proyecto fue aprobado por el Ayuntamiento a fecha de 25 de enero de 1972, pero no fue hasta 1973 cuando empezaron las obras. Éstas se basaron en la realización de una limpieza y saneamiento de las distintas lumbreras que componen la galería, permitiendo así aumentar el caudal, pasando de 6 a 8 l/sg (AML. Actas capitules, 1970-79).

A partir de 1976 se empieza a informar al Ayuntamiento sobre acometidas en la cañería. Pues, según declara uno de los vecinos de Zarzadilla: *"estaban tan cansados de la situación que se vivía en el pueblo, donde no paraban de llevarse sus aguas para suministrar a otros núcleos, mientras que aquí no se disponía siquiera de una red de abastecimiento".* Consecuencia de esta situación fueron las continuas roturas producidas en la cañería.

Como se muestra en documentos procedentes del Archivo General de la Región de Murcia, para mantener en calma a los vecinos de Zarzadilla, desde el Ayuntamiento de Lorca se decidió elaborar un proyecto para la instalación de una red general de abastecimiento, denominado "Abastecimiento y Saneamiento en Zarzadilla de Totana". Este proyecto fue aprobado el 20 de mayo de 1977 con un presupuesto de dos millones seiscientos ochenta y siete mil seiscientos cincuenta y una pesetas, el cual fue financiado, en parte, por una subvención procedente de los Planes Provinciales. Dichas obras fueron concedidas a la empresa "Construcciones de Bullas S.A." y dieron comienzo en 1978 (Archivo General de la Región de Murcia, 1977-1981). Es preciso señalar que, como expone uno de los miembros de la Asociación Manantial de Zarzadilla, aunque las obras estuvieran subvencionadas, los vecinos que querían disfrutar de un enganche en la red tenían que pagar en torno a treinta mil pesetas para tener derecho al mismo

Este hecho dio lugar a que las continuas luchas prosiguieran. Pues varios vecinos de la localidad reiteran que no sólo se destrozaban las tuberías, sino que también llegaron a romper la puerta del partidor para manipular el reparto del caudal, dejando sin agua en principio a la pedanía de Torrealvilla, y más tarde a La Paca y su ramal. Esto llevó a importantes conflictos entre los vecinos de dichas pedanías, que finalmente quedaron resueltos con la instalación del agua del Taibilla a estos núcleos entre los años 2000 y 2003. Sánchez (2011) afirma:

El manantial cada vez daba menos agua, previendo que en unos años no habría suficiente ni para ellos. El Gobernador dijo que repartir miseria no era la solución, que con esa miseria los pueblos no podían desarrollarse, la solución era llevar el agua del Taibilla a esas pedanías, quedando la Zarzadilla con el agua de su manantial. (…) una vez conseguido acabó la discordia y el malestar entre los vecinos de estas pedanías. (pp. 49-50)

6. SISTEMA DE APROVECHAMIENTO

6.1. Manantial de Zarzadilla

6.1.1. Origen del recurso y formas de captación

Los recursos hídricos de los que dispone Zarzadilla de Totana para abastecimiento de agua potable a la población tienen su origen en la extracción de agua procedente del manantial situado al norte del núcleo poblacional, en el piedemonte de la sierra de Pedro Ponce. Este forma parte de una masa de agua subterránea, la cual es conocida con el nombre MASub Bullas, unidad hidrogeológica 07.21 a la que le corresponde el código de identificación 071.039 (IGME, 2009).

Gómez y López (2006) refieren que dicho acuífero está ligado a un modelo de desarrollo sostenible, donde varían los caudales, ya que éstos están relacionados con la infiltración de escorrentía. Este hecho lleva a que no se pueda extraer más agua que la que se recarga de las precipitaciones.

Este tipo de aprovechamiento de aguas de manantiales a través de sondeos ha dado lugar a la posibilidad de afrontar con éxito el suministro de agua a todas aquellas áreas donde no llega el servicio de la MCT, aunque éste no es el caso, pues dichas aguas llegan a través de la conducción que se creó en 1971 para abastecer a la pedanía de La Paca y su ramal, pero al tener el manantial caudal suficiente, tan sólo abastecen a las granjas cuando éste disminuye.

Con respecto a las formas de captación, dicho manantial cuenta con una galería con lumbreras, es decir, una infraestructura hidráulica construida con el fin de aprovechar el agua procedente del manantial situado en el piedemonte de la Sierra de Pedro Ponce. Este sistema está formado por una galería horizontal, a partir de la cual se fueron construyendo pozos verticales o lumbreras, realizados en mampostería, para su conexión con el exterior con el fin de permitir la limpieza y ventilación.

Dichas lumbreras fueron construidas con materiales de piedra, yeso y tierra, añadiendo una tapa de hormigón en la superficie con el fin de evitar cualquier tipo de daño que se pudiera producir, así como para mantenerlas fuera del alcance de los animales.

Así mismo, según documentos localizados en el Archivo Municipal de Lorca, tras el informe realizado en 1970 relativo al aumento de caudal en dicho manantial, se elaboró un plano de cómo estaba la galería principal en aquel momento (Figura 12).

Figura 12: Perfil longitudinal de la galería principal (1970).

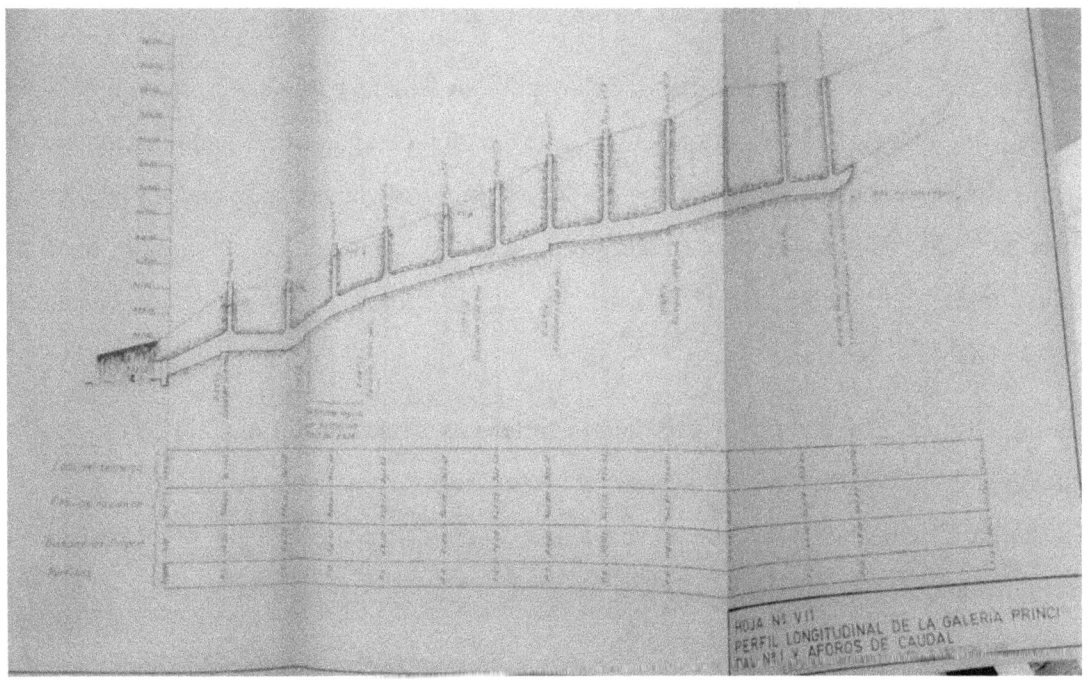

Fuente: Archivo Municipal de Lorca.

En este plano se puede observar que dicha galería estaba compuesta por un total de 13 lumbreras, con una distancia desde la entrada de la bocamina[3] hasta el último pozo de 189 metros. Entre ellos las distancias son variables, pues hasta el cuarto pozo presentan una separación de 12 metros de unos a otros; entre el cuarto y quinto aumenta hasta los 13 metros;

---

[3] Salida de la galería

los dos siguientes distan 11 metros entre unos y otros; de la séptima a la octava la distancia pasa a ser de 12 metros; entre la octava y la novena hay 13 metros; entre ésta última y la siguiente la distancia aumenta, pasando a tener ser de 14 metros; entre la décima y la undécima aumenta considerablemente hasta los 23 metros; entre la undécima y duodécima se reduce hasta los 13 metros; y, finalmente, entre el duodécimo y decimotercero distan 31 metros, pues éste último se encuentra en la zona de hundimientos, por lo que tan sólo se usó en un primer momento para la extracción de materiales.

Con el paso de los años estos pozos se han ido cerrando. Queda constancia de ello en el artículo de Gómez y López (2006) donde se hace referencia sólo a nueve lumbreras, siendo la distancia desde la bocamina hasta la primera lumbrera de 74 metros. Las cuatro primeras han sido recubiertas por arena y se encuentran selladas, no quedando constancia de las mismas.

Además, después de un exhaustivo trabajo de campo, se han identificado sobre el terreno un total de ocho lumbreras. Pues, según información de un antiguo empleado de mantenimiento de la Asociación, la última lumbrera fue cerrada en 2012, ya que en ella no había signos de agua, por lo que al no tener utilidad se decidió cerrarla y sellarla de la misma forma que las anteriores.

Conviene subrayar que en la actualidad no se ha podido comprobar la profundidad de las mismas, ya que se hayan bien selladas. Pese a ello, Gómez y López (2006) afirman que algunas de ellas presentaban pequeñas roturas en la tapadera, permitiendo así medir su altura, la cual está en torno a los 9 metros.

Con el transcurso del tiempo, debido a que éstas se encuentran ubicadas entre los terrenos de cultivo de almendro, al realizar las sucesivas labranzas se ha ido rebajando el nivel, por lo que han ido quedando al descubierto, echo que llevó a su deterioro, llegando a entrar animales como murciélagos (Figura 13). A causa de ello, en 2012, la Asociación Manantial Zarzadilla de Totana, tomó la decisión de restaurarlas, ya que Sanidad lo exigía para mantener la calidad del agua. Es por ello que se instalaron conos de hormigón y una tapa de hierro fundido (Figura 14) para así evitar su derrumbe y la entrada de animales, puesto que algunos acababan muriendo allí dentro.

Figura 13: Antigüa lumbrera.   *Figura 14: Lumbrera restaurada.*

Fuente: Gómez y López (2006).   Fuente: Autora (2019)

En cuanto a la entrada de la bocamina, ésta fue restaurada al mismo tiempo que las lumbreras, y en la actualidad se encuentra en perfecto estado y vallada. Hay que mencionar, además, que gracias a la ayuda de uno de los integrantes de la Asociación se ha podido comprobar su estado, así como visualizar la salida del agua y su posterior entrada hasta el partidor de aguas situado al sur de la misma (Figura 15).

Figura 15: Entrada de la bocamina.

Fuente: Autora.

6.1.2. Reparto, almacenamiento y conducción

Tras sucesivas entrevistas a los miembros de la Asociación Manantial Zarzadilla de Totana, se tiene constancia de que el agua se conduce desde la bocamina hasta un partidor (Figura 16), y de ahí se distribuye el caudal en tres partes, siendo dos tercios para abastecimiento a la población y en caso de haber suficiente caudal, también para suministrar a las granjas; y el tercio restante para regadío.

Figura 16: Partidor de aguas de Zarzadilla de Totana.

Fuente: Autora.

Con respecto a las aguas destinadas para abastecimiento, éstas corresponden a las dos terceras partes, situadas a la izquierda del partidor. Se conducen mediante una tubería de PVC hasta un depósito, es decir, una infraestructura donde se almacena el agua potabilizada para su posterior distribución mediante una serie de tuberías hasta la acometida del usuario, situado al este del partidor. En un principio se disponía de un depósito con una capacidad de ciento veinticinco metros cúbicos, el cual aseguraba una provisión de tan sólo veinticuatro horas, por lo que, según las entrevistas realizadas a los vecinos de Zarzadilla, todos coinciden en comentar que en caso de avería u otro desperfecto, o durante los meses de verano, cuando las lluvias son escasas, se producían constantes cortes de agua afectando a la población, y siempre debían tener preparados cubos con agua, botellas o bidones llenos de agua para poder ducharse, realizar las tareas domésticas, o incluso beber agua.

Después de estar continuos años exigiendo al Ayuntamiento de Lorca la construcción de un nuevo depósito, éste fue instalado en 2009, pero no entró en funcionamiento hasta 2010. El nuevo depósito cuenta con una capacidad de trescientos metros cúbicos, capaz de garantizar reservas de agua potable a la población algo más de cuarenta y ocho horas (Figura 17). Tras su instalación han dejado de producirse los cortes de agua en verano, y tan sólo se interrumpe el suministro en caso de averías en la red. Pese a su elevada capacidad, en episodios de lluvia torrencial, éste no puede retener toda el agua, por lo que las dos partes destinadas a abastecimiento o una fracción de ellas, pasan automáticamente a la hila de regadío.

Figura 17: Nuevo depósito de aguas de abastecimiento humano.

Fuente: Autora.

En cuanto a las aguas destinadas para regadío, éstas corresponden al tercio restante del caudal, situado a la derecha del partidor, y son conducidas directamente desde el partidor a los caños mediante una tubería. A partir de aquí pasan a unos pilones de agua y de ahí, mediante una acequia, a los abrevaderos, conocidos actualmente como "lavaores" (Figura 18), los cuales tienen la categoría de Abrevadero Concejil, pues cualquier ganado desde la antigüedad puede servirse de él como tal.

Dichos abrevaderos han estado compuestos desde la antigüedad por grandes pozas, con una entrada y salida que los comunicaba, llegando las aguas del último a la balsa de regadío, donde hay un tablacho con el que los regantes abren y cierran en función de las tandas de riego. Había hasta un total de cinco, situadas a cada lado del lavador, y eran utilizadas por las mujeres de la localidad para lavar ropas y enseres. En la actualidad siguen teniendo la misma estructura y las vecinas del lugar las siguen usando, aunque en menor medida. Actualmente se encuentran cubiertas, y en 2018 fueron sometidas a una serie de remodelaciones entre las que destacan: arreglo en los desperfectos de las pozas, sustitución de la tubería de PVC que conducía el agua desde el pilón a las numerosas pozas, siendo este reemplazado por un canalón metálico, también se llevó a cabo la restauración de las paredes interiores y exteriores, así como la sustitución del suelo en el interior, por uno menos resbaladizo.

Figura 18: Antiguo (A) y actual lavadero (B) en Zarzadilla de Totana.

18. A: Lavadero a principios de los años setenta. Fuente: Ginés Sánchez Martínez

18. B: Actual lavadero. Fuente: Sebastián Sánchez

Como se ha mencionado anteriormente, las aguas sobrantes se conducen a una balsa, a partir de la cual se distribuyen mediante acequias a todo el territorio, con el fin de regar los cultivos. Para ello se vienen utilizando desde tiempos remotos las rigurosas tandas de riego, con fuerza de Ley, siendo éstas de veinticuatro días, distribuidas entre los propietarios de las tierras en función de la superficie a regar, ya que cada contrato de propiedad tiene anexadas las tandas correspondientes.

Con respecto a las tandas, un día de los veinticuatro de tandas pertenecen a la parroquia, siendo éstas las aguas conocidas en Zarzadilla como "Agua de las Ánimas". Se subastan el lunes de las fiestas del pueblo, y antiguamente eran vendidas al mejor postor. En la actualidad, estas aguas se adjudican a la Asociación, que, en caso de escasez, las conduce al depósito para destinarlas al abastecimiento de la población. En un documento procedente del Archivo Municipal de Lorca, fechado a 25 de febrero de 1869, ya se tiene constancia de dichas tandas (Figura 19).

Figura 19: Extracto del documento procedente a las rigurosas tandas de riego.

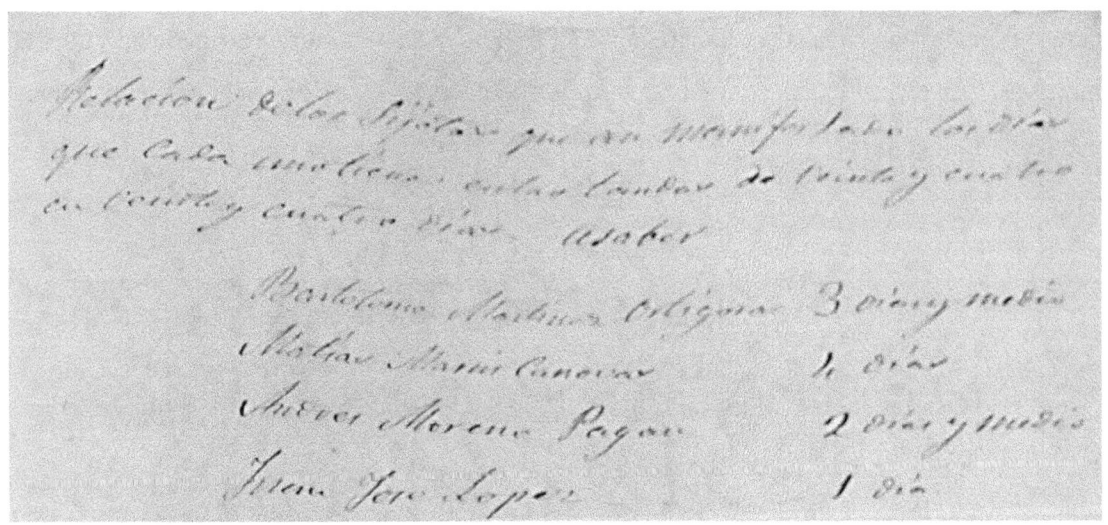

Relación de los sujetos que an manifestado los días que cada una tiene en las tandas de veinte y cuatro en veinte y cuatro días. (ASR. Alumbramientos, 1926-1923).

Fuente: Archivo Municipal de Lorca. Fondos propios, signatura 2357. La hoja completa se muestra en el Anexo 6.

Por otra parte, se ha podido constatar in situ que, tras episodios de fuertes lluvias, se producen desbordamientos en la fuente de Los Caños, conocida popularmente como "Grifos". Un ejemplo reciente se produjo el pasado 19 de abril de 2019 (Figura 20).

Figura 20: Desbordamiento del agua en los "grifos" como consecuencia de un fuerte episodio de lluvias.

Fuente: Autora.

Por lo que se refiere a la conducción de aguas, se dispone de una red de abastecimiento desde el depósito hasta la acometida del usuario. La instalación de la red data de 1978, tras la firma del proyecto "Abastecimiento y Saneamiento en Zarzadilla". Consta de una red principal, que abastece a las dos calles principales del pueblo, y un continuo de redes derivadas para abastecer todos los ramales, pues el derecho al consumo de agua es por igual para todos los habitantes del pueblo (Figura 21). Las redes principales están compuestas por tuberías de fibrocemento, mientras que para las secundarias se ha usado polietileno. Conviene hacer mención a las llaves de cierre, ya que en todos los cruces de calles se encuentra una de éstas, puesto que así, en caso de avería, se puede cortar el agua por sectores para proceder a la reparación, sin afectar a los demás usuarios.

Esta red se ha venido usando desde tiempos remotos para el abastecimiento a las granjas, pero tras la falta de agua a principios del siglo XXI, como resultado de la escasez de lluvias, se tomó la decisión de anular los enganches y traer agua procedente de la MCT, usando para ello las tuberías que habían servido de abastecimiento a la pedanía de La Paca y ramal de Las Terreras. Esto, sumado a la caída en los precios de los animales, llevó a que numerosas granjas cerraran, siendo en su mayoría aquellas dedicadas al sector cunícola.

Figura 21: Redes de abastecimiento y saneamiento en Zarzadilla de Totana.

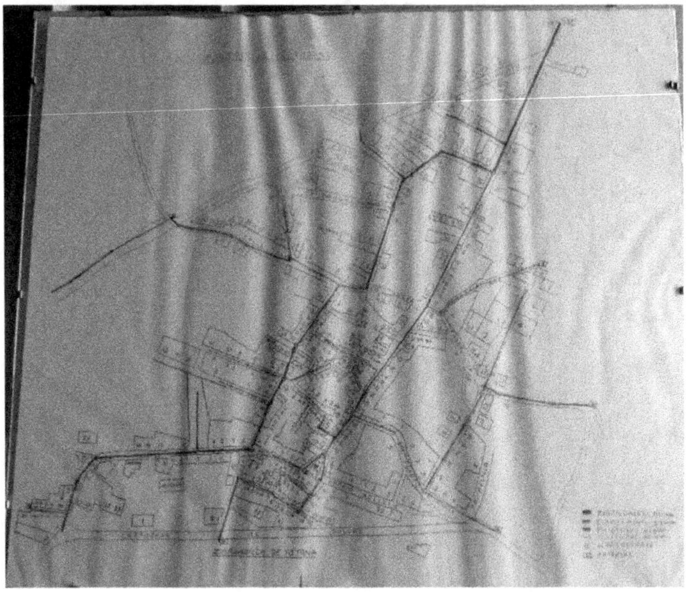

Fuente: Asociación Manantial Zarzadilla de Totana.

Según la información proporcionada por la empresa Aguas de Lorca (s.f.), dichas aguas proceden de la toma denominada Pedanías Altas, la cual tiene el depósito instalado en las proximidades del término municipal de Caravaca, al norte de la ciudad de Lorca. Éste no sólo abastece a las granjas de Zarzadilla de Totana, sino también a las pedanías de La Paca, Avilés, Doña Inés, Zarcilla de Ramos, El Rincón, Las Terreras, Zúñiga y Torrealvilla, es decir, mediante esta red se permite abastecer a las llamadas Tierras Altas de Lorca.

No ha sido hasta hace un par de años cuando estos animales han empezado a beber agua del manantial, pues ahora mismo hay suficiente. Según uno de los integrantes de la Asociación Manantial el año pasado se les permitió estar enganchadas todo el año, a excepción de quince días en agosto, y en lo que va de año no han dejado de usar estas aguas. Por lo que el agua del Taibilla tan sólo se usa en caso de necesidad.

6.1.3. *Puntos de muestreo y tratamientos de potabilización*

Los recursos hídricos suministrados a Zarzadilla de Totana por parte del manantial del mismo nombre, son tratados a diario. El lugar donde se realizan las tomas de muestras de agua para el control de calidad de ésta son: una en cabecera, en el depósito de aguas, y otra al final de la red de abastecimiento; por lo que las aguas que llegan al partidor son en bruto, sin clorar. Aquí se realiza un análisis periódico para comprobar su cloración, PH y turbidez, y en caso de déficit, es el encargado de mantenimiento quien realiza las tareas de recloración, para así conservar el agua en los niveles de desinfección exigidos por la normativa sanitaria actual.

De igual modo, semanalmente se procede a una recogida de muestras, que son entregadas todos los miércoles a la empresa Laboratorios Munuera, siendo ésta la encargada de realizar un análisis detallado del agua, donde se comprueban numerosos parámetros como son los indicadores de calidad, microbiológicos, plaguicidas individuales y químicos, a través de los cuales se conoce la calidad del agua y si éstas son aptas o no para consumo.

Tras la realización de los distintos análisis, el Sistema de Información Nacional de Aguas de Consumo (2019) ratifica que dichas aguas cumplen con todos los controles necesarios, por lo que están catalogadas como aptas para el consumo humano.

6.1.4. *Depuración*

Teniendo en cuenta que todas las aguas residuales se recogen en la red de alcantarillado, es necesario la presencia de una depuradora para recuperar estas aguas. Esto se realiza mediante las Estaciones Depuradoras de Aguas Residuales (EDAR) distribuidas en algunas de las pedanías del territorio lorquino, siendo una de las más importantes la situada en Zarzadilla (Figura 22), la cual es de tipo "aereación prolongado" (Ayuntamiento de Lorca, 2008). Dicha depuradora no fue construida hasta el año 2008, pues anteriormente estas aguas iban destinadas a una balsa de decantación y posteriormente se destinaban para regar cultivos de olivar en las inmediaciones de la misma. Esto producía malos olores en las proximidades del pueblo, hecho que llevó a que los vecinos exigieran la construcción de una depuradora.

Estas estaciones depuradoras juegan un papel esencial en el ciclo del agua, ya que mediante la depuración se permiten eliminar todos los residuos acumulados en las aguas y así devolverla en condiciones óptimas para su posterior uso.

Las aguas depuradas en esta localidad tienen un uso de riego agrícola, pues mediante el antiguo canal de Zarzadilla, se destinan a Casas Nuevas, donde se emplean para regar los campos de almendros y otros cultivos.

Figura 22: Depuradora EDAR instalada al sur de la localidad de Zarzadilla de Totana.

Fuente: Autora.

6.2.Otras fuentes

En la zona se pueden encontrar otras fuentes de gran importancia, las cuales ya fueron reconocidas por Escofet en el siglo XVIII. Entre éstas se encuentran la fuente del Tío Rafael y la Jara, situada a la espalda de la sierra de Pedro Ponce; La Fuente del Roble situada al este del núcleo poblacional, en el término municipal de Mula; y La Majada de Morales a escasos metros de Zarzadilla, en su parte este (Andreo, 2005).

Todas ellas pertenecen a la misma masa de agua subterránea (MASub Bullas) que el manantial de Zarzadilla, pero la mayoría están en desuso, a excepción de La Majada de Morales, pues ésta se sigue utilizando en la actualidad para regadío de los pequeños cultivos que se sitúan en torno a dicha fuente.

7. MEDIDA DE CAUDALES

El manantial ha estado sujeto a numerosos aforos a lo largo del tiempo. Del primero que se tiene constancia es en el siglo XVIII, tras el reconocimiento de fuentes y manantiales en la pedanía de Zarzadilla de Totana, para tener conocimiento del tipo de obra hidráulica que había que construir para enviar dichas aguas a la ciudad de Lorca, aunque no se tiene constancia del caudal que obtuvieron.

En 1970 se realiza un informe en el que se indica la necesidad de tareas de limpieza y saneamiento de la galería destinadas a incrementar su caudal, que llega a situarse entre 6 y 8 l/s. Casi una década después, el 14 de noviembre de 1979, según se indica en uno de los documentos localizados en el Archivo Municipal de Lorca, el aforo realizado a petición del Ayuntamiento arrojó un caudal de 4 l/s (AML. Actas capitulares, 1970-79).

A partir de este momento el IGME, la CHS y la propia Asociación Manantial Zarzadilla de Totana realizan aforos periódicamente, siendo ésta última quien los lleva a cabo de forma mensual.

El Estudio de los recursos hídricos subterráneos de la unidad del subbético de Murcia, en su Tomo 1, publicado por el IGME en 1993, cuantifica un total de 0,7 hm³/año a fecha de 1982, es decir, el caudal con el que cuenta dicho manantial es de 5 l/s en este año, siendo éste el mismo que el obtenido también por el IGME en 2009. Por su parte, la Confederación Hidrográfica del Segura (2013), en el Plan hidrológico de la cuenca del Segura 2009/2015, señala unos recursos de 0,036 hm³/año, lo que es igual a un caudal de 3 l/s. De igual modo, ésta publica en 2016 "Trabajos de medida de caudales en manantiales y niveles hidrométricos y piezométricos en humedales de la cuenca del Segura", y estima un caudal de 3 a 8 l/s (CHS, 2016). Po último, según ratifica uno de los integrantes de la Asociación, el caudal actual cuantificado en el último aforo realizado el pasado mes de abril es de 3,2 l/s, por lo que ahora el estado del manantial está en un término medio, sin llegar a estar seco, como resultado de la escasez de precipitaciones que recibe este sector.

Los datos expuestos muestran que el caudal del manantial ha ido descendiendo progresivamente. Esto va unido al descenso de las precipitaciones y a las abundantes captaciones de agua que hay en el acuífero, como se ha señalado anteriormente.

8. MODELO DE GESTIÓN

En España existe una gestión integrada del agua, donde el uso de la misma se establece a través de derechos atribuidos por las Administraciones Locales, quienes administran este servicio, por lo general, de forma privada o con empresas mixtas público-privadas, siendo un ejemplo de ésta última Aguas de Lorca, que gestiona las aguas procedentes de la Mancomunidad de los Canales del Taibilla en la práctica totalidad del territorio lorquino. Aunque también existen zonas donde la gestión se hace de forma pública, reduciéndose éstas a pequeñas regiones o localidades, en las que hay una existencia de aguas subterráneas procedentes de acuíferos, donde el agua brota de manera natural por medio de fuentes o manantiales.

La Ley 7/1985, de 2 de abril, Reguladora de las Bases del Régimen Local publicada por el BOE (1985), expone en sus artículos 25 y 26 que los gobiernos locales son los responsables de la toma de decisiones en lo que respecta al abastecimiento de aguas dentro de sus términos municipales. Pero ello no implica que el servicio deba gestionarse desde el Ayuntamiento, pues en Zarzadilla de Totana son los vecinos quienes realizan la gestión y saneamiento de las aguas procedentes del manantial de una forma pública y democrática desde tiempos inmemoriales.

La Asociación Manantial Zarzadilla de Totana se inscribe en el Registro Regional de Asociaciones de Murcia en enero de 2004, tras un acuerdo firmando entre los vecinos de Zarzadilla y el Ayuntamiento de Lorca, siendo necesaria la existencia de unos estatutos para poder adquirir plenamente el poder de sus aguas. A partir de entonces, la gestión pasa a ser legalmente competencia de los vecinos, quienes constituyen una Asamblea General integrada por todos los habitantes de la localidad, así como una Junta Directiva. Es preciso mencionar que la titularidad de dichas aguas sigue siendo competencia del Ayuntamiento.

Además, se debe agregar que, antes de constituir la Asociación, era el Pedáneo de turno quien se encargaba de la gestión del agua.

De acuerdo con los estatutos, dicha Asociación es sin ánimo de lucro, y se haya regida por la Ley Orgánica 1/2002, de 22 de marzo, reguladora del derecho de asociaciones, normas concordantes y las que en cada momento le sean aplicables, así como por los Estatutos vigentes. Razón por la cual no buscan obtener el máximo beneficio, ya que el cobro de cuotas se realiza sin el Impuesto sobre el Valor Añadido (IVA), siendo éste uno de los hechos que lleva a que el precio del agua sea tan reducido en comparación con otras pedanías o municipios, donde este recurso se administra de forma privada o público-privada, como en el caso de Lorca, gestionada por la empresa mixta Aguas de Lorca, que tiene establecidas unas cuotas para el mantenimiento y consumo muy superiores a las de Zarzadilla.

Igualmente, como se expone en los Estatutos, esta Asociación está constituida por una Asamblea General, siendo ésta el órgano supremo de gobierno de la Asociación, integrada por cinco asociados; y una Junta Directiva, la cual es el órgano que gestiona y representa los intereses de la Asociación de acuerdo con las disposiciones y directivas de la Asamblea General.

La Asamblea General es la encargada de elegir los miembros de la Junta Directiva y sus cargos, así como aprobar presupuestos, modificar los Estatutos, aprobar las cuotas, expulsar a socios a propuesta de la Junta Directiva, entre otros. Ésta realiza reuniones tanto ordinarias, celebradas una vez al año, como extraordinarias, quedando ambas válidamente constituidas cuando concurran a ellas al menos un tercio de los asociados con derecho a voto. Los acuerdos se tomarán por mayoría simple de votos. En cambio, la Junta Directiva va a ser la encargada de elaborar la aprobación de presupuestos y cuentas, solventar la admisión de nuevos socios, elaborar los acuerdos de la Asamblea General, entre otros. Ésta presenta un mandato de tres años de duración, pudiendo ser reelegidos para más de un mandato siempre que el pueblo esté de acuerdo, al igual que pueden ser relegados del cargo por renuncia expresa, transcurso del período de su mandato o por acuerdo de la Asamblea General. Esta Junta se haya constituida por un presidente, quien representa legalmente la Asociación; un vicepresidente, el cual sustituirá al presidente en ausencia; un secretario, el cual realiza las labores administrativas; un tesorero, quien se encarga de recaudar los fondos y realizar las órdenes de pago; y un vocal, quien tiene las obligaciones que la propia Junta le encargue.

8.1. Actividades desempeñadas por la Asociación

La Asociación tiene como objetivo principal la administración del manantial. Para ello debe llevar a cabo numerosas funciones entre las que se encuentran el mantenimiento tanto del propio manantial como de la red de abastecimiento; suministros de agua, donde se reparte el caudal para abastecimiento humano y de granjas, así como para regadío; el control de la calidad del agua mediante análisis diarios; cobro de cuotas; derramas; y en general cualquier otra gestión para su explotación.

En relación a las cuotas, hay que señalar que se cobran seis euros con cincuenta céntimos para cubrir gastos de mantenimiento de la red. Esta cantidad se suma al importe correspondiente al agua consumida por cada vecino, que se contabiliza sin añadir el Impuesto del Valor Añadido (IVA), como se ha mencionado anteriormente. Se trata de una gestión pública, que no busca obtener el máximo beneficio, sino realizar una gestión adecuada del recurso de manera satisfactoria para los residentes en Zarzadilla, evitando así la intervención del Ayuntamiento de Lorca y un posible incremento del precio a pagar por el servicio.

El cobro de la cuota de mantenimiento permite obtener un pequeño beneficio a la Asociación, con el que hace frente a todas las reparaciones que se pudieran producir tanto en el manantial como en la red de abastecimiento. En cambio, cuando los desperfectos se producen en las acometidas del usuario, éste es quien se encarga de sufragar los daños.

Uno de los vecinos del pueblo es quien se encarga de tomar lectura de los contadores de los socios para su posterior cobro de cuotas, del mantenimiento y reparación en las tuberías, realizar los análisis diarios del agua y así como de su recloración, y todas aquellas tareas que sean necesarias para el óptimo aprovechamiento de estas aguas.

8.2. Financiación

Los recursos económicos con los que cuenta dicha asociación son: las cuotas de entrada, tanto periódicas como extraordinarias; las subvenciones, legados o herencias que se pudieran recibir de forma legal por parte de los asociados o terceras personas; y cualquier otro recurso lítico. Estos recursos son los que se utilizan para el arreglo de desperfectos producidos en las tuberías, así como cualesquiera que se pudieran originar tanto en el sistema de aprovechamiento de aguas.

8.3.Asociados

Actualmente se cuenta con un total de 328 socios, los cuales tiene que cumplir una serie de requisitos para poder formar parte de la Asociación. Estos son: ser mayor de edad; los menores de edad mayores de 14 años emancipados, siempre que tengan consentimiento de las personas que suplan su capacidad; y el último y más importante, ser vecino residente o propietario de una vivienda en Zarzadilla.

Se perderá la condición de asociado por renuncia voluntaria; incumplimiento de sus obligaciones económicas; o por conducta incorrecta. Pero cabe destacar que a día de hoy no se han tenido problemas con ninguno de los asociados.

Toda persona asociada tiene derecho a participar en las actividades de la asociación, ejercer el derecho a voto, ser informado de la composición del gobierno, así como del estado de las cuentas y el desarrollo de actividades, también tiene derecho a hacer sugerencias para un mejor cumplimiento de los fines de la Asociación, y ser oído con carácter previo a la adopción de medidas disciplinarias contra él.

8.4.Beneficios de una gestión pública

La importancia del agua ha originado un gran mercado como resultado de su carencia. Es por ello que la mayoría de las concesiones en España son mixtas o privadas, buscando éstas un beneficio económico.

La gestión pública a la que se somete Zarzadilla está dirigida hacia un uso sostenible del recurso "agua", el cual se fundamenta en la conservación del sistema de aprovechamiento realizando una división justa de los costes.

Este hecho ha proporcionado abundantes beneficios a dicha pedanía, entre los que destaca el precio del agua, ya que aquí las cuotas son inferiores respecto a otras pedanías o a la misma ciudad de Lorca, ya que, por un lado, no se cobra IVA por ser una asociación sin ánimo de lucro, y por otro, los precios del consumo de agua, siendo éstos de tan sólo $0.5€/m^3$ hasta los catorce metros cúbicos, y cuando el consumo es superior a esta cifra, se cobra a $1€/m^3$, mientras que en Lorca el precio es variable, desde los $0.66€/m^3$ en el consumo igual o inferior a catorce metros cúbicos, hasta $2.05€/m^3$ en un consumo superior a cuarenta y nueve metros cúbicos. A ello cabría agregar la reducción considerable en las cuotas de servicio, siendo aquí de tan sólo 6.50€, mientras que con la empresa Aguas de Lorca este precio varía en función del consumo desde los 9.19€ hasta los 497.50€ (Tabla 2).

Tabla 2: *Comparación de facturas con una gestión pública (Asociación Manantial Zarzadilla de Totana) y una mixta (Aguas de Lorca).* Fuente: elaboración propia a partir de datos proporcionados por la Asociación Manantial Zarzadilla de Totana y datos obtenidos de la web Aguas de Lorca.

	Asociación Manantial Zarzadilla de Totana	Aguas de Lorca
Cuota de servicio	6.50€	Variable en función del calibre: Calibre 13 mm 9.19€ Calibre 15 mm 12.42€ Calibre 20 mm 28.96€ Calibre 25 mm 52.34€ Calibre 30 mm 88.28€ Calibre 40 mm 212.34€ Calibre 50 y >50 mm 497.50€
Alcantarillado y canon de saneamiento	El precio está incluido dentro de los 6.50€	10.06€
Precio	$0.5€/m^3$ hasta los $14m^3$ $1€/m^3$ a partir de los $14m^3$	Variable en función del consumo: Hasta $14m^3 - 0.66€/m^3$ Hasta $28m^3 - 1.02€/m^3$ Hasta $49m^3 - 1.87€/m^3$ $>49m^3 - 2.05€/m^3$

Teniendo en cuenta estas consideraciones, se infiere que, para un consumo de catorce metros cúbicos en una de las pedanías de Lorca, administradas por una empresa mixta, y ese mismo consumo en Zarzadilla de Totana, el resultado sería sensiblemente distinto. En Zarzadilla el usuario debería abonar 13.50€, mientras que en otra pedanía la cifra se elevaría a 29.41€. La diferencia de casi dieciséis euros deja patente el beneficio de la gestión pública.

El beneficio del precio del agua ha supuesto una oportunidad de desarrollo a las explotaciones ganaderas instaladas en las áreas circundantes de dicho núcleo, ya que, al existir suficiente caudal en el manantial para poder abastecerlas, les proporciona, en cierta forma, un beneficio en cuanto a gastos se refiere, lo que conlleva a la obtención de una mayor rentabilidad tras la venta de animales.

Se muestran otro tipo de beneficios más secundarios, como es la puesta en práctica de una participación pública, donde no sólo intervienen los órganos de administración, sino también los vecinos del pueblo para la toma de decisiones en el sistema de gestión, siempre que tengan consecuencias positivas de carácter económico y social.

El hecho de contar con uno de los vecinos del pueblo para el mantenimiento del sistema de aprovechamiento proporciona en cierta forma otro beneficio secundario, puesto que, por un lado, permite tener controlado en todo momento el estado del agua, y por otro, las averías que se pudieran producir en la red de abastecimiento son solventadas casi de inmediato, dejando a los usuarios sin abastecimiento el menor tiempo posible. Es decir, se presta un servicio rápido y eficaz.

9. CONCLUSIONES

El manantial de Zarzadilla de Totana ha sido de gran importancia a lo largo de la historia de esta población, en primer lugar, tras la conducción de aguas a la ciudad Lorca en el siglo XVIII, que supuso la realización de una obra hidráulica de gran envergadura, el "Acueducto de Zarzadilla", y su posterior abastecimiento a pedanías como Torrealvilla, La Paca o Las Terreras; y, en segundo lugar, con la firma de los Estatutos mediante los que se constituye la Asociación Manantial Zarzadilla de Totana, a través de los que ha sido posible el establecimiento de un sistema de gestión público y democrático entre los vecinos de la localidad. Estos son los dos hitos más destacados que muestran la significación histórica del aprovechamiento de las aguas del manantial objeto de estudio.

Además, este sistema tradicional de captación de aguas subterráneas mediante galería con lumbreras, ha permitido a lo largo del tiempo beneficiarse del recurso agua, siendo de gran importancia por la escasez hídrica que predomina en el sureste peninsular. A ello va unido la existencia de aljibes, mediante los que se permite la infiltración de aguas de lluvia para que el acuífero sea recargado, pues estos son los únicos aportes de agua que recibe.

Tras los numerosos acontecimientos acaecidos por la gestión de aguas en dicha pedanía, primero mediante el Sindicato de Riegos y posteriormente a través del Ayuntamiento de Lorca entre los siglos XVIII-XXI a causa de la conducción de estas aguas, los vecinos de Zarzadilla han estado en continua lucha por la gestión de este recurso. Pero no fue hasta el año 2004 cuando definitivamente lograron el control total de sus aguas, gracias al convenio entre el Ayuntamiento de Lorca y los propios vecinos de dicha localidad, donde se exigía la constitución de unos estatutos que fueron firmados en enero de 2004.

Gracias a la creación de la Asociación Manantial Zarzadilla de Totana, se ha permitido gestionar este recuso de forma sostenible y equitativa. Al ser una asociación sin ánimo de lucro se permite no pagar el impuesto IVA en las cuotas, así como una reducción considerable en el precio del agua con respecto a otras pedanías o la misma ciudad de Lorca, ya que no se busca obtener el máximo beneficio de ello. A lo que cabría sumar la eficacia y rapidez en las reparaciones. Todo ello ha proporcionado satisfacción entre los vecinos, por lo que, según las encuestas proporcionadas por los habitantes de esta pedanía, todos están contentos con la gestión del suministro de agua.

Por último, señalar que este manantial, junto al de Tirieza, ambos situados en el municipio de Lorca, son los dos únicos manantiales que cuentan con un sistema de abastecimiento público gestionado de forma propia entre sus vecinos.

10. REFERENCIAS BIBLIOGRÁFICAS

Aguas de Lorca (s.f.). *Nuestro papel en el ciclo urbano*. Lorca, Murcia. Recuperado de https://www.aguasdelorca.com (consulta 03/04/2019).

Andreo, J. (Ed.). (2005). *En los confines de Lorca, Zarzadilla. Una mirada al pasado*. Lorca, España.

Archivo General de la Región de Murcia. (1977-1981). Plan Provincial de Obras y Servicios 1976-77, Obra nº 68741/1: Distribución de agua potable y saneamiento de Zarzadilla de Totana (Lorca). DIP,5490/7. Sin paginar.

Archivo General de la Región de Murcia. (1979). Proyecto de abastecimiento de agua potable a Torrealvilla desde el manantial de Zarzadilla de Totana. DIP,9768/1. Sin paginar.

Archivo General de la Región de Murcia. (s. XVIII). Plano de conducción de aguas en Lorca. AHN Consejos, MP 2065.

Archivo Municipal de Lorca (AML). (1511). Monográficos 168 (AML. M.-168). Libro II de Mercedes (1509-1625).

Archivo Municipal de Lorca (AML). Actas capitulares 1965. Sin paginar.

Archivo Municipal de Lorca (AML). Actas capitulares 1970-79, signatura 5567. Sin paginar.

Archivo Municipal de Lorca (AML). Reales órdenes y diligencias 1770-1860, signatura 2328. Sin paginar.

Archivo Sindicato de Riegos (ASR). Alumbramientos 1826-1923, signatura 2357. Sin paginar.

Auge, M. (2007). *Agua fuente de vida* (trabajo de maestría). Universidad de Buenos Aires, Argentina.

Ayuntamiento de Lorca (22 de octubre de 2008). Entran en funcionamiento las depuradoras de La Parroquia, Almendricos y Zarzadilla de Totana. *Murcia.com*. Recuperado de https://www.murcia.com/lorca/noticias/2008/10-22-entran-funcionamiento-depuradoras-parroquia-almendricos.asp (consulta 29/05/2019).

Boletín Oficial del Estado (BOE). (1848). Gaceta de Madrid (1697-8/11/1936). *Gazeta de Madrid* (4892), 1. Recuperado de https://www.boe.es/datos/pdfs/BOE//1848/4892/A00001-00002.pdf (consulta 17/04/2019).

Boletín Oficial del Estado (BOE). (1985). Ley 7/185, de 2 de abril, Reguladora de las Bases del Régimen Local (80). Recuperado de https://www.boe.es/buscar/pdf/1985/BOE-A-1985-5392-consolidado.pdf (consulta 30/05/2019).

Boletín Oficial del Estado (BOE). (2000). *DIRECTIVA 2000/60/CE DEL PARLAMENTO EUROPEO Y DEL CONSEJO por la que se establece un marco comunitario de actuación en el ámbito de la política de aguas*. Recuperado de https://www.boe.es/doue/2000/327/L00001-00073.pdf (consulta 02/04/2019).

Campos, F. (23 de mayo de 2012). ¿Cuánta agua hay en la Tierra? [Mensaje de un blog]. Recuperado de https://www.cosmonoticias.org/cuanta-agua-hay-en-la-tierra/ (consulta 08/04/2019).

Cebrián, A., J.B. Vilar, M.V. Albadalejo, A. Romero, F.A. Sarria, T. Rodríguez.,…F. Flores (2007). *Atlas Global de la Región de Murcia*. Murcia, España: La Verdad.

Centro Regional de Estadística de Murcia (CREM). (2018). *Evolución de la población según entidades, por sexo. Ambos sexos*. Murcia, España. Recuperado de http://econet.carm.es/web/crem/inicio/-/crem/sicrem/PU_LorcaCifrasNEW/P8016/sec2.html (consulta: 03/04/2019).

Comisión Europea. (2002). *El agua es vida. Directiva Marco relativa al Agua*. Recuperado de http://ec.europa.eu/environment/water/water-framework/pdf/waterislife_es.pdf (consulta 03/04/2019).

Confederación Hidrográfica del Segura (CHS). (2013). *Plan hidrológico de la cuenca del Segura 2009/2015 (Anejo 4)*. Recuperado de https://www.chsegura.es/export/descargas/planificacionydma/planificacion/docsdescarga/Anejo_04_Zonas_protegidas.pdf (consulta 10/05/2019).

Confederación Hidrográfica del Segura (CHS). (2016). *Trabajos de medida de caudales en manantiales y niveles hidrométricos y piezométricos en humedales de la cuenca del Segura.* Recuperado de http://www.chsegura.es/export/descargas/cuenca/redesdecontrol/manantialesyhume dales/docsdescarga/ManantialesHumedales_memoria_final.pdf (consulta 10/05/2019).

EFE. (30 de abril de 2012). Lorca conmemora la tragedia del Pantano Puentes. *La Opinión de Murcia*. Recuperado de https://www.laopiniondemurcia.es/municipios/2012/04/30/lorca-conmemora-tragedia-pantano-puentes/401136.html (consulta 17/04/2019).

Erena, M., Pellicer, C., Rincón, L., Botía, P., Correal, E., Pérez, J. G., …Montesinos, S. (2013). *Gestión integrada del agua en la Región de Murcia: El caso del Campo de Cartagena*. Recuperado de http://www.imida.es/documents/13436/877249/Gesti%C3%B3n_del_agua_CC/4bd 168ad-30f3-425b-bb24-7cf748a5785c (consulta 03/04/2019).

Espín, J. (1926). *El Arquitecto Martínez de Lara y el famoso Pantano de Lorca*. Madrid, España.

Espín, J. (Ed.). (2004). *Anales de Lorca. S. XV-XIX*. Murcia, España: Ayuntamiento de Lorca.

Fondo Español de Garantía Agraria O.A. (FEGA). (2017). Sigpac, Visor autonómico. Recuperado de https://sigpac.carm.es/VisorSigpac2017/ (consulta 01/05/2019).

Gómez, J. M. y López, J.A. (2006). Galerías con lumbreras en el área central de la Región de Murcia. *Papeles de Geografía* (43), 31-59.

Instituto Geológico y Minero de España (IGME). (1993). *Estudio de los recursos hídricos subterráneos de la unidad del Subbético de Murcia*. España. Recuperado de http://info.igme.es/SidPDF/067000/225/Tomo%201.%20Memoria/67225_0001.pdf (consulta 20/02/2019).

Instituto Geológico y Minero de España (IGME). (2009). *Identificación y caracterización de la interrelación que se presenta entre aguas subterráneas, cursos fluviales, descargas por manantiales, zonas húmedas y otros ecosistemas naturales de especial interés hídrico*. Recuperado de http://info.igme.es/SidPDF/148000/1/148001_0000008.pdf (consulta 23/04/2019).

Ministerio de Educación, Cultura y Deporte. (2015). Plan de calidad del paisaje urbano de Lorca. Ministerio de Educación, Cultura y Deporte. Recuperado de http://ecoproyecta.es/PCPUL/MemoriaPCPUL.pdf (consulta 19/04/2019).

Musso y Fontes, J. (1847). *Historia de los riegos de Lorca, de los ríos Castril y Guardal o del Canal de Murcia y de los ojos de Archivel*. Murcia, España.

Organização das Nações Unidas do Brasil. (2015). *Transformando Nosso Mundo: A Agenda 2030 para o Desenvolvimento Sustentável.* Recuperado de https://nacoesunidas.org/pos2015/agenda2030/ (consulta 02/04/2019).

Pelegrín, M. C. (2010). El abastecimiento de agua potable a Lorca hace 80 años. *Alberca, (8)*, 181-188.

Peñalver, J. (1990). Algunos aspectos geográficos de la precipitación en la Región de Murcia. *Papeles de Geografía*, (16), 59-69.

Sánchez, J.J. (Ed.). (2011). *Zarzadilla de Totana. Usos, costumbres y formas de vivir*. Lorca, España.

Sistema de Información Nacional de Aguas de Consumo (SINAC). (2019). *Información de un Abastecimiento.* Recuperado de http://sinac.msssi.es/CiudadanoWeb/ciudadano/informacionAbastecimientoAction CA.do?idRed=14638 (consulta 30/15/2019).

Tudela, M.L. y Martínez, J. (1997). Desertización progresiva del sureste peninsular en suelos con costra caliza y su relación con la puesta en cultivo. En Instituto de Estudios Almerienses (Ed.), *Recursos naturales y medio ambiente en el sureste peninsular* (pp. 433-443). Almería, España.

UNESCO. (2006). *El agua, una responsabilidad compartida. 2° Informe sobre el Desarrollo de los Recursos Hídricos en el Mundo.* Recuperado de https://unesdoc.unesco.org/ark:/48223/pf0000144409_spa (consulta 03/04/2019).

UNESCO. (2019). *Rapport Mondial des Nattions Unies sur la mise en valeur des ressources en eau 2019: ne laisser personne pur compte.* París, Francia: UNESCO.

VV.AA. (2008). *Manual de interpretación de los hábitats naturales y seminaturales de la Región de Murcia.* Recuperado de http://www.murcianatural.carm.es/web/guest/areas-protegidas/-/journal_content/56_INSTANCE_8Ffa/14/114330 (consulta 18/05/2019).

11. ÍNDICE DE TABLAS

12. ÍNDICE DE FIGURAS

13. ANEXOS

Anexo 1: Primera reseña sobre el agua en la pedanía de Zarzadilla de Totana[4]

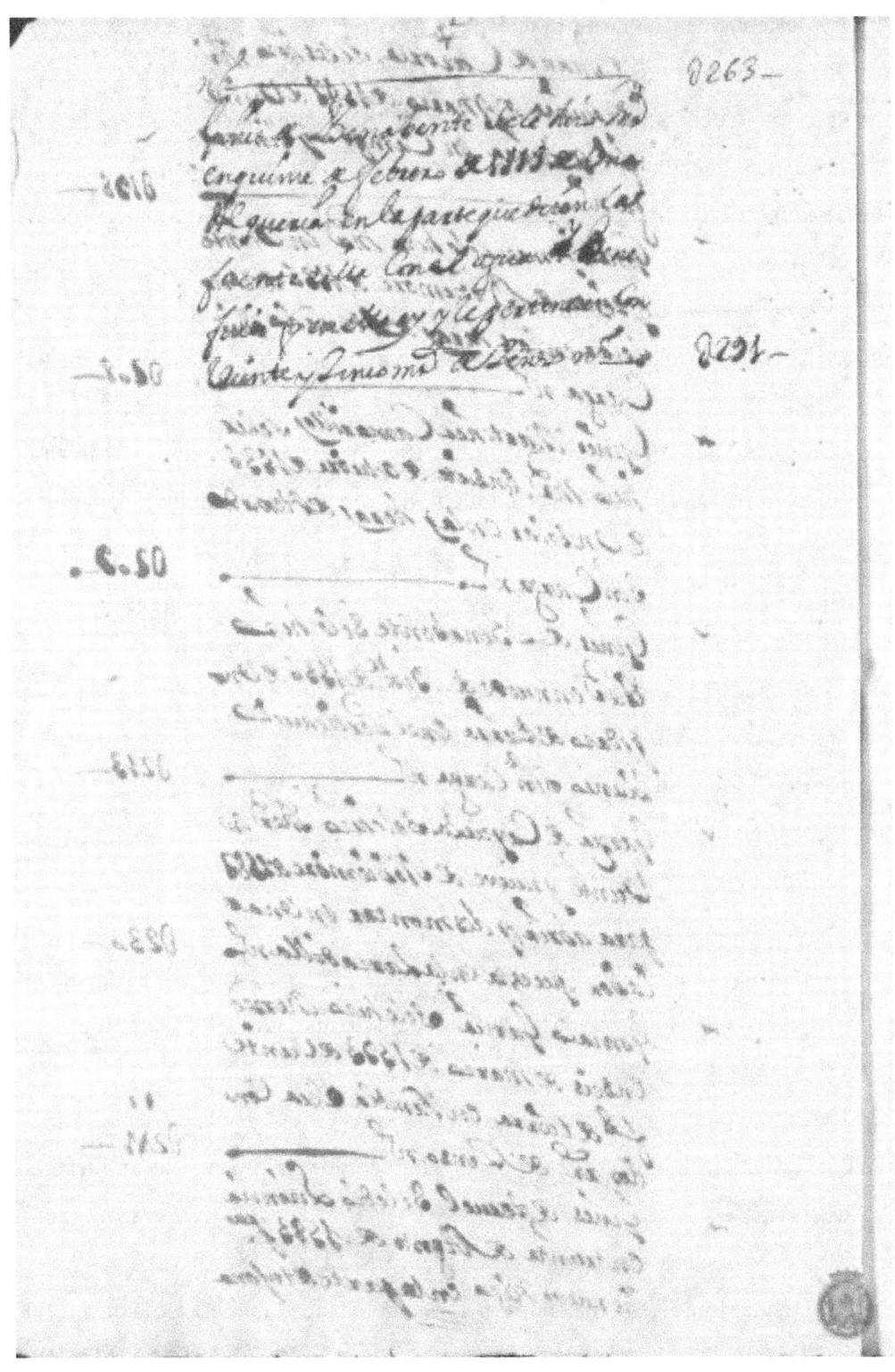

---

[4] Archivo Municipal de Lorca (AML), Monográficos 168 (AML. M. – 168). Libro II de Mercedes (pp.32).

Anexo 2: Documento de 1764 donde se hace referencia por primera vez a la construcción de un canal para abastecer a Lorca[5].

[5] Archivo Municipal de Lorca (AML). Reales Órdenes y Diligencias 1770-1860, signatura 2328. Sin paginar.

[6] Archivo Sindicato de Riegos (ASR). Alumbramientos 1826-1923, signatura 2357. Sin paginar.

56

Anexo 4: Traspaso de poder de la gestión de aguas procedentes de Zarzadilla al Ayuntamiento de Lorca[7]

C).- A lo largo del tiempo, a partir de esta fecha, se fueron haciendo por el Sindicato múltiples concesiones de estas aguas para suministro a domicilio, aprovechándose también en una Fuente Pública existente desde antiguo en la Ciudad y conocida con el nombre de "Fuente de la Estrella", lo que hizo que la asignada a riegos disminuyese en tan gran medida que apenas fuese rentable su utilización.

Esto determinó que por Real Decreto de 11 de junio de 1887, se prescribiera que el Sindicato aludido estudiara con el Ayuntamiento de la Ciudad la forma de hacerle entrega de las aguas citadas, habida cuenta de que en su mayor parte venían afectas al abastecimiento de la Población.

D).- En 1955, la Junta Administrativa del Regadío de Lorca, que sustituyó al Sindicato de Riegos, acordó en sesión de 24 de marzo de 1955 que se cedieran a la Municipalidad lorquina las aguas de la Zarzadilla de Totana con todas sus instalaciones, considerando de una parte, que ya desde tiempo inmemorial se destinaban al abastecimiento humano; y de otra el extraordinario déficit que de un modo permanente producía su explotación por la Administración del Regadío.

E).- Tras diversos trámites, el Ayuntamiento, en sesión de 25 de abril de 1958, aceptó el ofrecimiento de las aguas de la Zarzadilla de Totana, en concepción de donación pura y simple, pero sin hacerse cargo del personal afecto al servicio.

Los términos de la aceptación Municipal fueron aprobados por la Junta Administrativa, en consideración a que los funcionarios afectos eran muy escasos y podían ser adscritos a otros cometidos.

F).- En estas condiciones se ha llegado a los momentos actuales en que persisten las circunstancias que aconsejaron a la Junta Administrativa del Regadío de Lorca su decisión de donar al Ayunta-

---

[7] Archivo Municipal de Lorca (AML). Actas capitulares, 1965. Sin paginar.

Anexo 5: Documento en el que incluye dentro del Plan Bienal de Servicios Técnicos el proyecto de abastecimiento de aguas a La Paca y Las terreras (1970)[8].

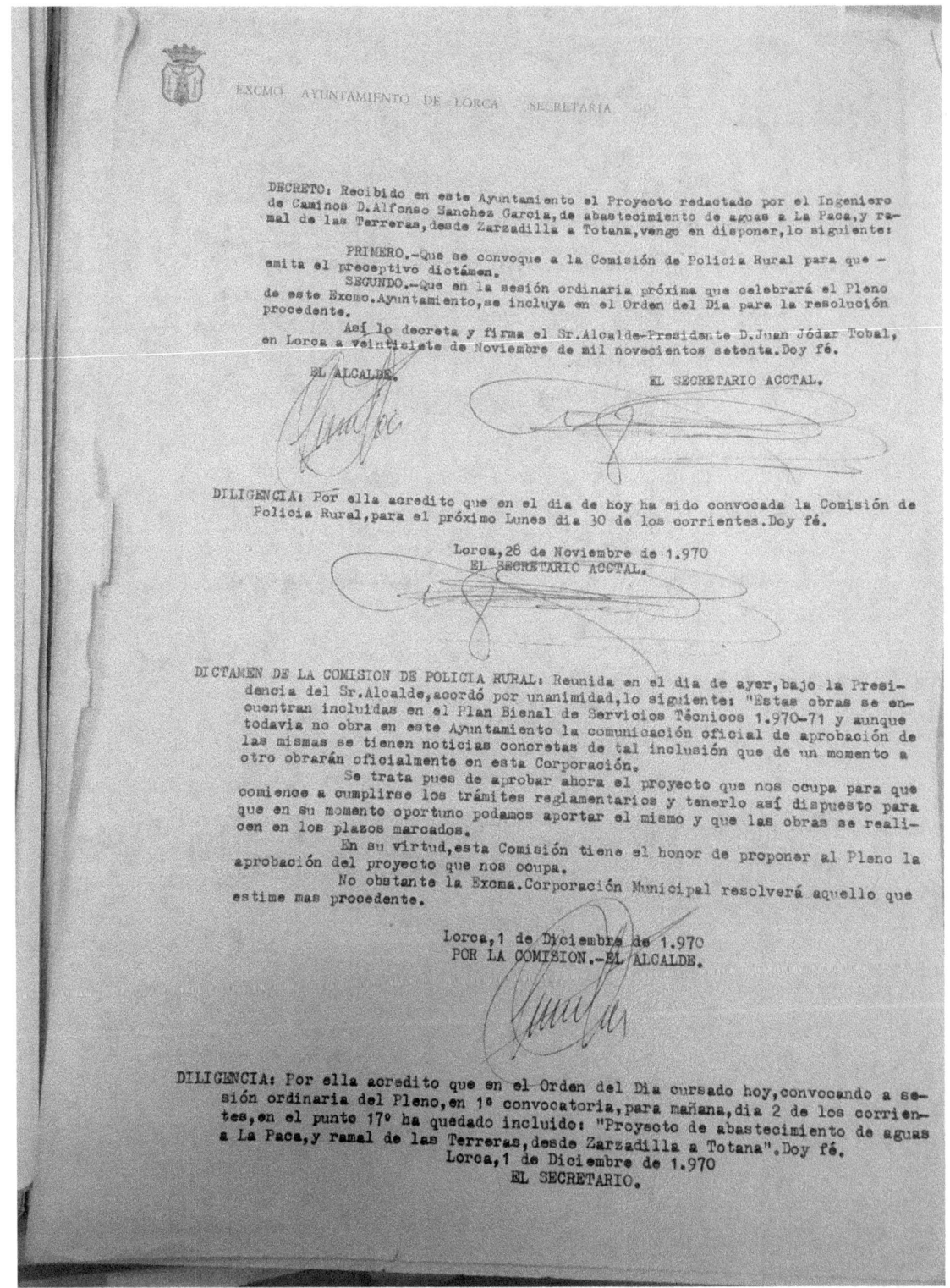

[8] Archivo Municipal de Lorca (AML). Actas capitulares 1970-79, signatura 5567. Sin paginar.

58

[9] Archivo Sindicato de Riegos (ASR). Alumbramientos 1986-1923, signatura 2357. Sin paginar.

www.ingramcontent.com/pod-product-compliance
Lightning Source LLC
Chambersburg PA
CBHW052041280526
45791CB00010B/3030